couturier sewing class

심플하고 세련된 여자 옷

나카노 유카리 지음

황선영 옮김 | 문수연 감수

이아소

• CONTENTS •

양재 교실
couturier
sewing class

About 쉽고 빠른 소잉

'쉽고 빠르게 폼 나는 옷을 만드는' 비밀을 소개합니다.

시접이 포함된 옷본을 사용한다

실물 대형 옷본에는 시접이 포함되어 있기 때문에, 선만 베끼면 옷본 완성! 재단 배치도에서 시접 치수를 확인하고 시접이 포함된 옷본을 만드는 일반적인 방법과 달리 순식간에 옷본을 완성할 수 있다.

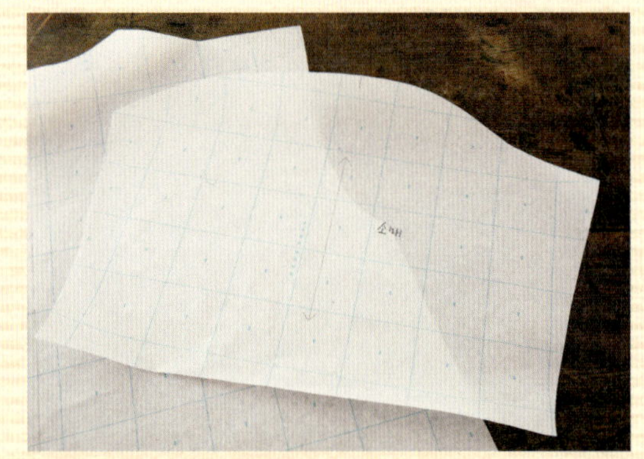

2

천에 옷본을 놓고서 선을 그리지 않고 자른다

옷본을 시침핀으로 고정하고 옷본 따라 자르면 OK. 재봉틀의 가이드 선을 이용해서 박기 때문에, 완성선을 베낄 필요 없이 손쉽게.

▸▸ P36 '천을 자른다', '재봉틀로 박는다' 참조

표시는 가위로

맞춤 표시는 0.3cm 정도의 가위집(너치)만으로 정확하게 표시할 수 있다. 초크를 사용하지 않아 천에 자국이 남지 않는다.

▸▸ P36 '표시를 한다' 참조

안단은 천과 접착심지를 붙이고서 자른다

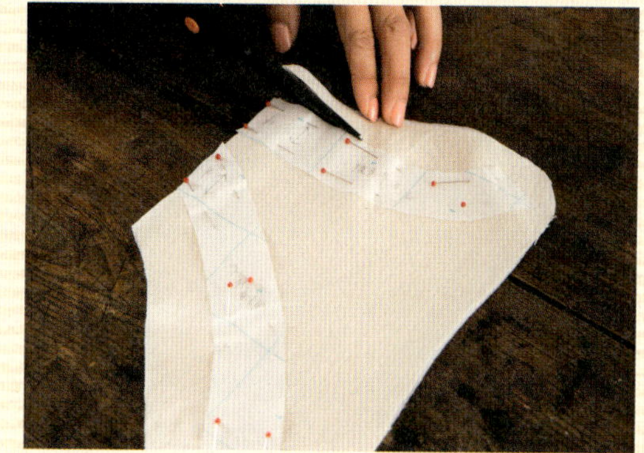

천과 접착심지를 각각 안단 사이즈대로 자르고 나서 붙이는 것보다, 붙이고 나서 자르는 편이 한 번에 끝나고 완성도 깔끔하다.

5 밑단이나 소맷부리의 마무리를 먼저 해놓는다

옆과 소매를 박고 원통 모양 상태에서 밑단과 소맷부리를 지그재그 박기나 다림질하면 큰 낭패다. 천을 자른 후 평면 상태에서 작업해두면 단시간에 예쁘게 마무리할 수 있다.

6 시침핀을 고정하는 요령 하나

재봉틀로 박을 때 시침핀의 머리 부분을 잡고 시침핀을 빼면서 작업을 한다. 이때 편한 손 쪽에 머리가 오도록 시침핀을 꽂으면 훨씬 작업하기 쉽고 시간도 단축된다.

팬츠, 스커트는 전부 고무줄 허리로

고무줄만 끼워서 쉽고 간단하게! 하지만 고무줄 허리라고는 믿기지 않을 만큼 멋지고 깔끔한 라인의 디자인이 완성된다.

쉽고 빠른 POINT
고무줄 허리라 만
들기 간단하면서도
모양이 단정하다.

힙 포켓으로 힙 주변을 세련되게 연출했다.

리본 달린 와이드팬츠

가운데 묶은 큼직한 리본이 악센트 역할을 한다.
와이드팬츠지만 실루엣이 심플해
누구에게나 잘 어울리는 디자인이다.

▸▸ How To Make **P58**

쉽고 빠른 POINT
소매 붙이기가 쉬운 래글런. 곡선이 적어 박기 편하다.

리본은 나비 모양으로. 입고 벗기 편한 것도 마음에 든다.

래글런 소매 원피스

깔끔하게 떨어지는 심플한 원피스.
목 뒤로 리본을 묶어서 악센트를 주었다.
래글런 소매가 적당히 캐주얼한 느낌을 더해준다.

▶▶ How To Make **P50**

나풀나풀 턱 스커트

앞에서 보면 턱 스커트. 하지만 실은 고무줄 스커트다.
앞쪽에만 턱을 넣어
너무 부풀지 않고 입는 것도 편하다.
상의를 안으로 넣으면 스커트 모양이 예쁘게 강조된다.

▶▶ How To Make **P56**

뒤는 고무줄 허리로 편리하게

나풀나풀 턱 스커트 (다른 천)

리넨이나 코튼 소재처럼 얇은 천으로 만들면
편안한 인상을 준다. 티셔츠와 매치하여
캐주얼한 스타일로 즐겨보자.

▶▶ How To Make **P56**

쉽고 빠른 POINT

직선 패턴만으로
만들 수 있다.

프렌치 소매 풀오버

프렌치 소매가
위팔을 커버해주는 것이 기분 좋다.
앞 중앙에 단 레이스 테이프가
여성스러움을 연출해주어
하나만 입어도 멋스럽다.

▶▶ How To Make P44

쉽고 빠른 POINT

소매를 붙이지 않고 단춧구멍도 필요 없다.

밑단을 롤업해서 입으면 좀 더 가벼운 느낌을 준다.

뒤트임 단추가 포인트로

가을 겨울에는 P21의 가운 코트 안에 받쳐 입어도 멋스럽다.

테이퍼드 팬츠

배 주변은 낙낙하면서도
발목이 가늘어 보이는 효과를 주는 팬츠.
스트레치 소재를 사용하면 벗기도 편하다.

▶▶ How To Make **P47**

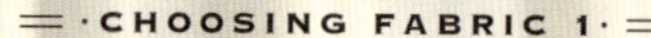

양재 교실
couturier
sewing class

천을 고르는 법 ①

나의 모토인 '핸드메이드로 보이지 않는 옷 만들기'에서 특히 중요하게 생각하는 것이 천 고르기다. 같은 디자인이라도 옷감에 따라 고급스럽게 또는 러프하게 보이거나 꽤 괜찮은 외출복이 되기도 해서, 스타일이나 착용감 그리고 입고 가는 장소까지도 크게 달라진다.

천을 고를 때 내가 정한 한 가지 기준은 천의 가격이다. 천의 품질은 가격에 비례한다고 생각하기 때문에 조금은 돈을 들여서라도 좋은 천을 구입하려고 한다. '애써서 만드는 옷인데', '마음에 드는 디자인으로 오래 입고 싶다'라는 생각으로 천을 고른다. 물론 가격이 전부는 아니겠지만 고르기 어려울 때는 하나의 선택 기준으로 삼는 것도 괜찮다.

양재 교실은 수강생들에게 원하는 천을 고르고, 천의 두께나 장력이 만들고자 하는 옷에 맞는지 조언해주고 있다. 그러나 아쉽지만 책에서는 그것이 어려우므로 각각의 아이템에 맞는 천을 소개했다.

● 팬츠나 스커트 같은 하의에 맞는 천

중간~두꺼운 천을 사용하면 튼튼하고 견고한 느낌의 옷으로 완성된다. 또 값싸게 보이지 않는다는 장점이 있다. 테이퍼드 팬츠처럼 통이 좁은 팬츠는 스트레치 소재로 만드는 것이 좋다. 신축성이 좋아 무릎이나 엉덩이 부분이 튀어나오지 않는다.

적당한 천: 코튼(치노클로스, 트윌, 코듀로이 등), 중간~두꺼운 리넨, 울(색스니, 트위드, 플라노, 압축 니트 등), 면마, 데님, 덩거리, 히코리 직물

● 풀오버나 블라우스 같은 상의에 맞는 천

얇은 천이 좋다. 실루엣이 예쁘게 살고, 활동하기 편한 옷으로 완성된다.

적당한 천: 코튼(브로드클로스, 론, 서커, 샴브레이 등), 레이스, 거즈, 얇은 리넨, 실크, 레이온

● 원피스에 맞는 천

얇은 천, 두꺼운 천 모두 괜찮다. 고르는 천에 따라 샤프하게 딱 떨어지거나 볼륨이 살기도 해서, 실루엣이 달라지는 것도 재미있다. 단, 개더가 많이 들어가거나 드레이프를 예쁘게 살리고 싶은 디자인에는 장력 있는 두꺼운 천은 맞지 않다. 얇은~중간 두께의 부드러운 천을 선택하자.

적당한 천: 면마, 얇은~두꺼운 리넨, 울(색스니, 트위드, 자카드, 압축 니트 등), 니트(기모, 저지), 데님, 덩거리, 폴리에스테르

돌먼 블라우스

소맷부리와 밑단에 고무줄을 넣어, 풍성하게 입체감을 살린 실루엣. 2장을 박기만 하면 완성된다. 울 소재를 사용하면 겨울에도 즐겨 입을 수 있다.

▶▶ How To Make **P74**

V넥 풀오버

리넨이나 코튼 같은 소재로 만들면 봄부터 가을까지 두루두루 입을 수 있는 가벼운 아이템. 단정한 네크라인이 세련된 느낌을 준다.

※ 팬츠는 P6 리본 달린 와이드팬츠의 리본을 빼고 착용

▸▸ How To Make **P37**

V넥 풀오버 (다른 천)

가슴 라인이 산뜻하게 보이는 V넥.
센터를 잡아 플레어 라인을 만들고
여유 있는 사이즈로 완성했다.
겹쳐 입기 편해
계절에 상관없이 입을 수 있다.

▶▶ How To Make **P37**

프렌치 소매 원피스

중앙에 개더를 넣은 프릴을 박아서
세로로 긴 라인을 강조한 스타일.
매력적인 커쿤 실루엣으로, 하나만 입어도 멋스럽다.

▶▶ How To Make **P44**

터틀넥 니트를 매치하면 가을 겨울도 OK.

뒤트임을 넣어 입고 벗기 편하다.

쉽고 빠른 POINT
위팔을 가려주면
서 소매를 붙이지
않아 간단하다.

둥근 바닥 리본 백

귀엽고 동그란 백.
나비 모양으로 묶은 큼직한 손잡이는
들기도 편하고 백의 포인트가 된다.
안쪽에 비비드 컬러를 사용하면 느낌이 한층 살아난다.

▶▶ How To Make **P64**

가운 코트

돌먼 소매로 편하게 걸치기 좋은 매력적인 아이템. 팬츠나 원피스, 스커트 어떤 스타일에도 매치하기 쉬워서 하나 있으면 요긴하게 입을 수 있다.

▶▶ How To Make **P62**

쉽고 빠른 POINT

대부분 직선박기라 단시간에 완성할 수 있다.

돌먼 블라우스 (다른 천)

소매와 품은 여유 있으면서 길이가 절묘하게 떨어져, 팬츠에도 스커트에도 코디하기 편한 아이템. 앞뒤를 돌려 입을 수 있어 라운드와 V넥 양쪽으로 즐길 수 있다.

▶▶ How To Make **P74**

풍성한 와이드팬츠

걸을 때마다 밑단이 흔들리는 시원한 분위기의 와이드팬츠. 옆에 포켓이 달려 있어 편리하다.

▶▶ How To Make **P60**

스누드

그대로 둘둘 감으면 스타일이 완성되는 근사한 아이템. 니트 소재로 만들면 방한용 아이템으로도 손색없다. 작게 접으면 들고 다니기도 편하다.

▶▶ How To Make **P73**

라운드 넥은 부드러운 인상으로

V넥은 조금 샤프한 분위기로

개더 풀오버

어깨를 가려 위팔이 드러나지 않는
프렌치 소매 풀오버. 카슈쾨르*풍의 디자인이
너무 캐주얼하지 않게 여성스러운 인상으로.

* 카슈쾨르: 앞을 교차해서 여미는 스타일로 V자 형태로 파진 작은 베스트나 숄 같은 모양의 상의

▶▶ How To Make P70

카디건을 걸치면 세 시즌 OK

개더 원피스

풍성한 개더 주름이
배 주변 라인을 살짝 가려준다.
몸판과 스커트의 스트라이프 패턴 방향을 바꾸어
한층 발랄하고 경쾌한 느낌을 준다.

▶▶ How To Make **P70**

래글런 소매 풀오버

P8의 원피스 길이를 변형해서 만든 풀오버.
길이가 짧아서 통이 좁은 팬츠는 물론
볼륨 있는 팬츠나 스커트에도 잘 어울린다.

▶▶ How To Make **P50**

P10의 나풀나풀 턱 스커트와 세트로 입어도 좋다.

둥근 칼라 7부 소매 블라우스

밑단에 고무줄을 넣은 여성스럽고 매력적인 실루엣.
7부 소매라 긴팔보다 가벼운 느낌을 준다.
광택 있는 천으로 만들면
화사한 외출복으로도 그만이다.

▶▶ How To Make **P53**

리본 달린 와이드팬츠(다른 천)

울 소재로 만들면 모임 자리에도 문제없다.
디자인 요소가 있는 상의와 매치할 때는
리본을 빼고 입는 것이 좋다.

▶▶ How To Make **P58**

중심에 넣은 세로 이음선이 전체를 잡아주어 스마트한 인상으로

테이퍼드 팬츠 (다른 천)

고무줄 허리라 만들기 쉬운 데다
깔끔한 맵시가 난다.
어떤 상의에도 코디할 수 있는 만능 팬츠.
양쪽에 포켓이 달려 있다.

▶▶ How To Make **P47**

후드 달린 판초

여유 있는 실루엣으로 활동하기 편한 것이 장점.
입체적인 후드가 옆에서 봐도 멋스럽다.
움직일 때마다 다양한 느낌의 실루엣을 즐길 수 있다.

▶▶ How To Make **P68**

위쪽에 달린 큰 장식 단추와
테두리의 울 바인딩테이프가 포인트

심플 코트

타이트한 실루엣과 잠금 장식을 숨긴 단정한 디자인으로
세련되게 입을 수 있다.
테두리는 폭 넓은 울 바인딩테이프만 끼워 박으면 쉽게 완성된다.

▶▶ How To Make **P78**

양재 교실
couturier
sewing class

천을 고르는 법 ②

천 고르기는 멋있고 근사한 옷을 만드는 과정에서 빼놓을 수 없는 포인트다. 정답이 없기 때문에 갈피를 잡지 못하는 분이 많은 것 같다. 아래에 양재 교실 수강생들이 자주 하는 질문을 정리해보았다. 천을 고를 때 참고하자.

Q • 가게의 수많은 천을 보면 망설이다 결정을 못한다?

A • 원하는 디자인에 맞는 색을 결정한 다음 사러 가자. 가게에서 그 색의 천만 찾으면 그렇게 고민하지 않고 결정할 수 있다.

Q • 색상이 고민될 때는?

A • 자신이 가지고 있는 옷과 맞추기 쉬운 색을 미리 파악해두면 좋다. 그래도 고민이 된다면 감색이나 그레이를 권하고 싶다. 무난해서 어떤 색의 아이템과도 잘 어울린다.

Q • 인터넷 쇼핑으로 천을 구입할 때 주의할 점이 있다면?

A • 실제로 만져보고 색이나 질감, 두께를 확인할 수 없기 때문에 처음엔 모험을 하지 말고 무난한 소재와 색상, 무늬를 선택하자. 천의 종류나 이름, 실의 굵기 등을 자세히 체크해본다.

Q • 나에게 맞는 천을 찾으려면 어떻게 하나?

A • 대부분의 가게에는 거울이 비치되어 있다. 옷을 고를 때처럼 천을 얼굴 가까이 대보고 맞는지 안 맞는지 확인해본다.

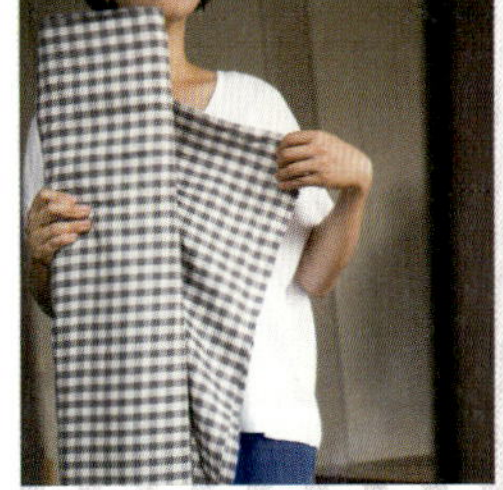

Q • '만드는 법'의 천 사이즈와 폭이 다를 경우 어떻게 하나?

A • 천의 올 방향에 맞춰서 옷본을 천에 올려놓고, 사이즈가 맞는지 확인해본다. 가게에서 천을 고를 때도 옷본을 들고 가서 천에 대보는 게 좋다. 이 책의 옷본은 시접이 포함되어 있어 이럴 때도 편하다.

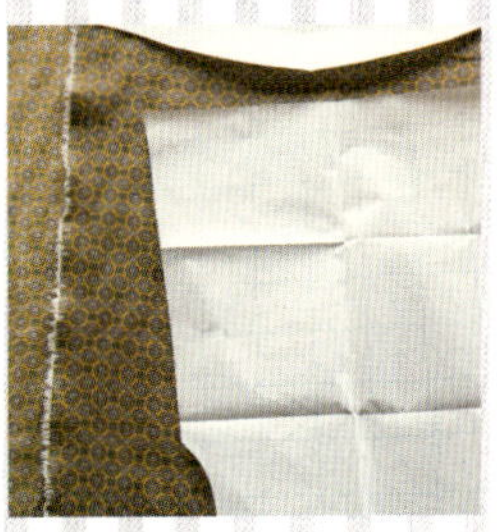

Q • 천의 겉과 안을 구별하기 어려울 때는?

A • 반드시 천의 겉을 바깥으로 사용해야 한다는 원칙은 없다. 안쪽의 색이나 무늬가 마음에 들면 그쪽을 겉으로 사용해도 상관없다. 단, 재단할 때는 모든 옷본을 같은 쪽에 놓아야 한다.

둥근 칼라 반소매 블라우스

조그맣고 동그란 칼라가 귀여움을 연출한다.
밑단에 고무줄을 넣어 디자인 포인트로.
팬츠와 스커트 어디에나 매치하기 쉬운 아이템이다.

▸▸ How To Make P53

풍성한 와이드팬츠 (다른 천)

스커트처럼 볼륨감이 있는 팬츠.
길이가 좀 긴 듯해도 콤팩트한 상의와 매치하면
무거워 보이지 않고 다양한 스타일로 코디할 수 있다.

▸▸ How To Make P60

작업용 에이프런

엉덩이를 가리는 길이로 여성스러운 실루엣이 특징.
슬릿(트임)이 들어가서 걷거나 움직이기 편하다.
큰 포켓을 2개 달았다.

▸▸ How To Make **P66**

소매를 한 번 접어서 커프스를 만들면 가벼운 인상으로

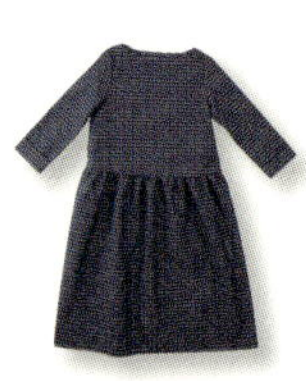

로 웨이스트 원피스

개더를 넣어 귀엽게 만든 어른 옷.
천을 바꾸면 캐주얼하게도 입을 수 있다.
보트넥으로 얼굴과 목 주변이 깔끔하게 보이는 게 기분 좋다.

▸▸ How To Make **P76**

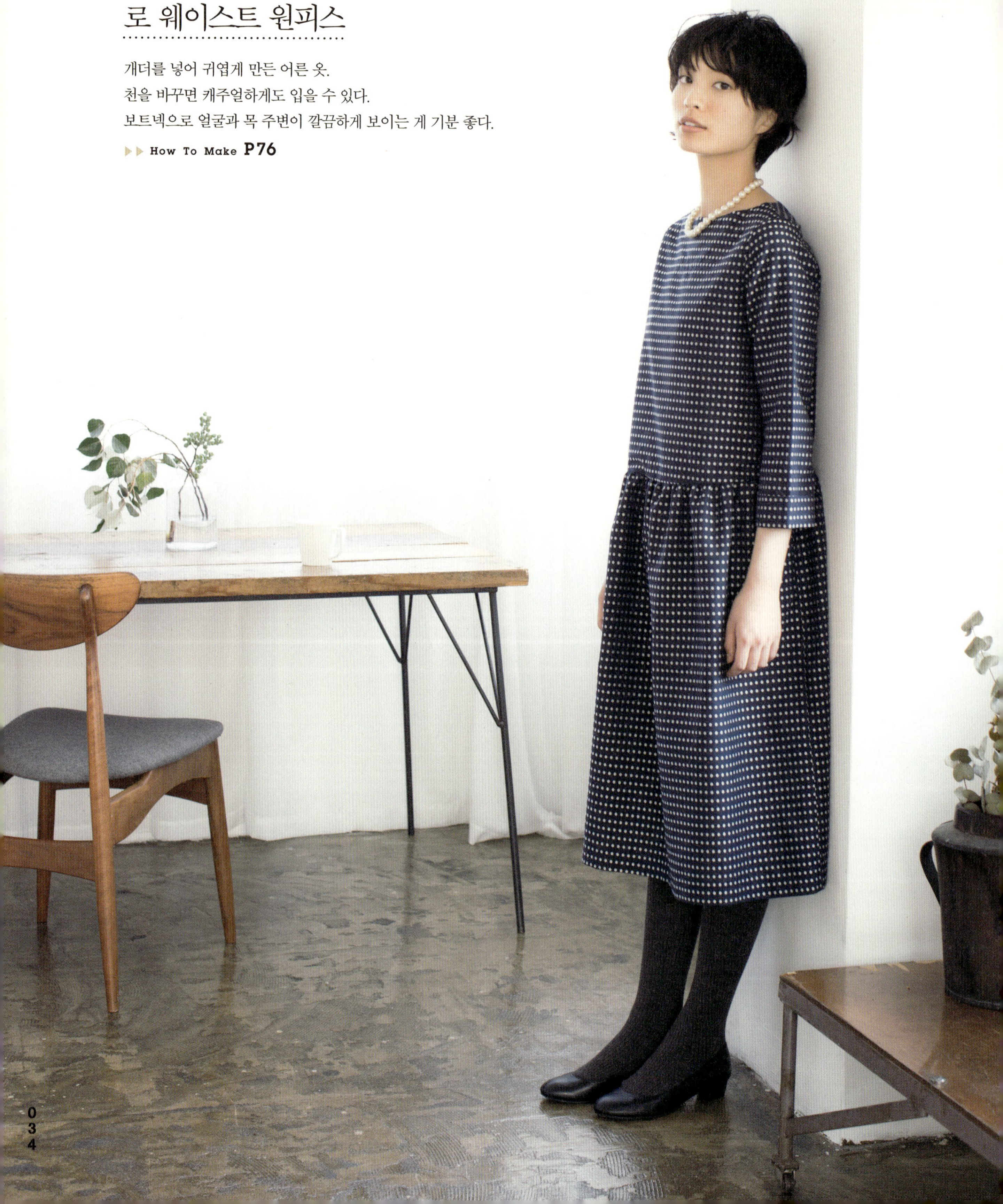

소잉의 기본

작품을 만드는 데 필요한 천 재단법과 재봉 방법 등 기본을 알아두자.

천을 자른다

재단 배치도를 참조해서 식서 방향에 맞춰 옷본을 올려놓고, 시침핀으로 조금 뜨듯이 고정한다.

▶▶ 옷본 다루는 법은 P42 참조.

옷본의 왼쪽에 재단 가위가 오게 하고, 천 끝에서 옷본을 따라 자른다.

※왼손잡이용 가위를 사용할 경우에는 오른쪽에 재단 가위가 오게 한다.

재단 가위는 옷본의 왼쪽으로!

옷본의 오른쪽에 재단 가위를 두면 가위의 왼쪽 날에 옷본 끝이 놓이게 되어 안정감이 없고 어긋나게 잘린다. 가위를 옷본의 왼쪽에 두면 옷본과 재단 가위가 겹치지 않고, 좀 더 정확하고 쉽게 재단할 수 있다.

표시를 한다

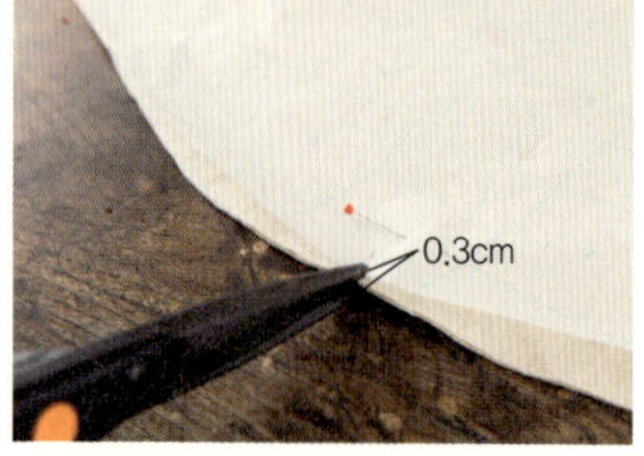

→

맞춤 표시 부분은 시접에 0.3cm 정도의 가위집을 넣는다.

다트나 트임 끝 위치, 포켓 다는 위치, 똑딱단추 다는 위치 등 옷본의 안쪽에 표시할 때는 수예용 복사지와 룰렛을 사용한다.

재봉틀로 박는다

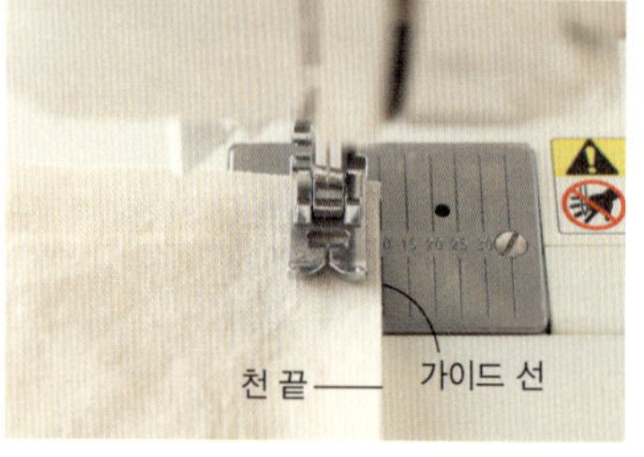

완성선을 그리지 않기 때문에, 재봉틀의 가이드 선에 천 끝을 맞추어 박는다(사진은 시접 1cm인 경우).

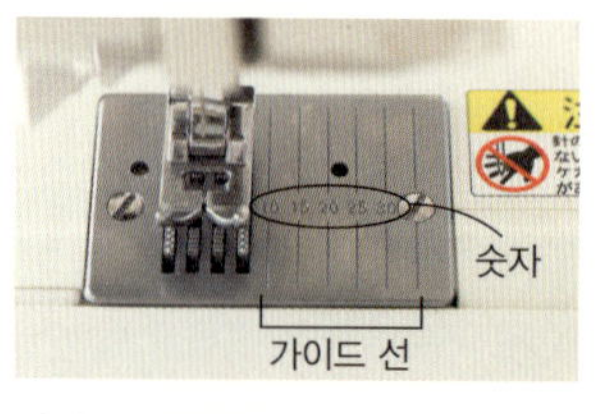

가이드 선이란?

재봉틀에 표시된 안내선을 말한다. 숫자는 바늘이 내려오는 위치부터의 거리를 나타낸다.

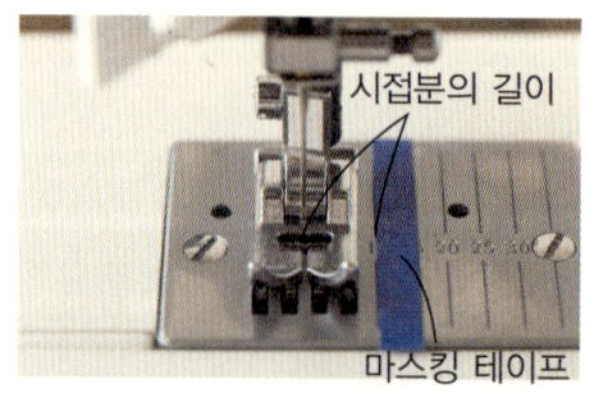

재봉틀에 가이드 선이 없는 경우에 어떻게 할까?

바늘이 내려오는 위치에서 수직으로 시접분의 길이에 맞춰 마스킹 테이프를 붙인다. 마스킹 테이프의 끝이 가이드 선을 대신하게 된다.

다리미를 곁에 두고 작업한다

작업 중 다리미가 필요한 경우가 많이 생긴다. 시접을 눕히거나 가를 때처럼 안쪽에서 작업이 끝나면 반드시 겉에서도 다림질을 해주어야 솔기가 정돈되고 마무리도 깔끔하다.

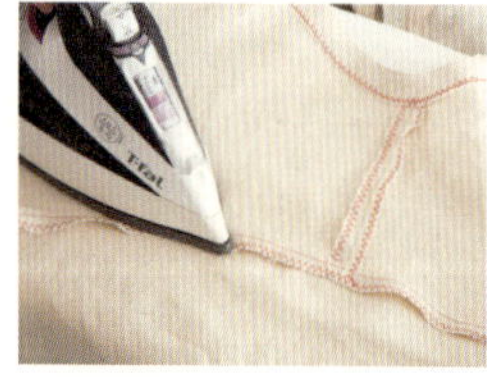

시접을 눕힌다.

시접을 가른다.

늘림시접을 준다.

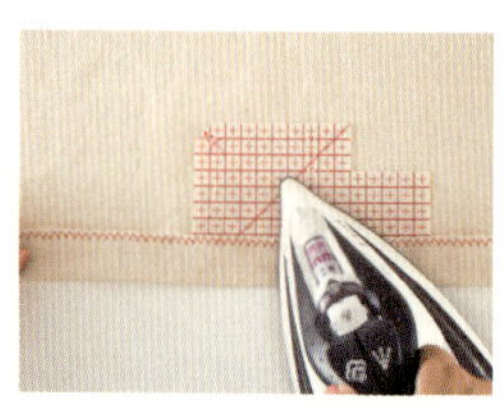

소맷부리나 밑단을 접는다.

도구 제공/ 클로버주식회사

베이식 Lesson

V넥 풀오버 Photo P16, 17

재료 •왼쪽부터 S/ M/ L/ LL

※기본은 P16. ( ) 안은 P17. 지정된 것 이외는 공통

• 리넨 (울) …
136cm (150cm) 폭×140/ 140/ 150/ 150cm (130/ 130/ 140/ 140cm)

실물 대형 옷본

D면 [15]
1-앞 몸판 2-뒤 몸판 3-소매 4-앞 안단 5-뒤 안단

완성 사이즈 •왼쪽부터 S/ M/ L/ LL

가슴둘레 = 120/ 123/ 127/ 133cm
옷 길이 = 53/ 55/ 57/ 59cm

재단 배치도 •단위는 cm •위부터 S/ M/ L/ LL

※P36 '천을 자른다', '표시를 한다'를 참조해서 각 파트를 자른다

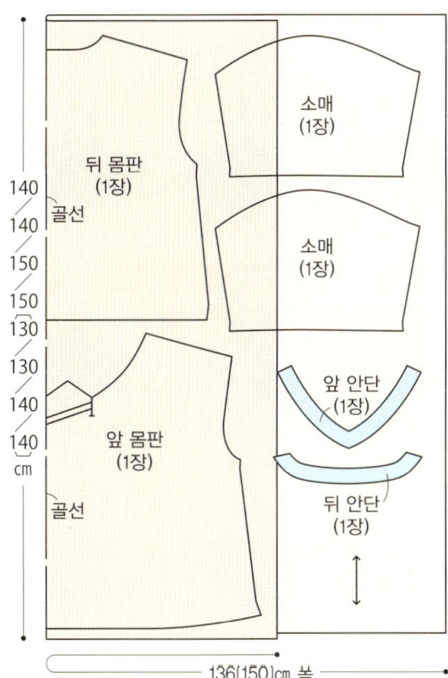

※앞 몸판(안)의 턱과 박기 끝 위치에 수예용 복사지와 룰렛으로 표시를 한다

사전 준비

앞 안단, 뒤 안단은 각각 접착심지를 붙이고 자른다.

▸▸ P5 '④안단은 천과 접착심지를 붙이고서 자른다'를 참조

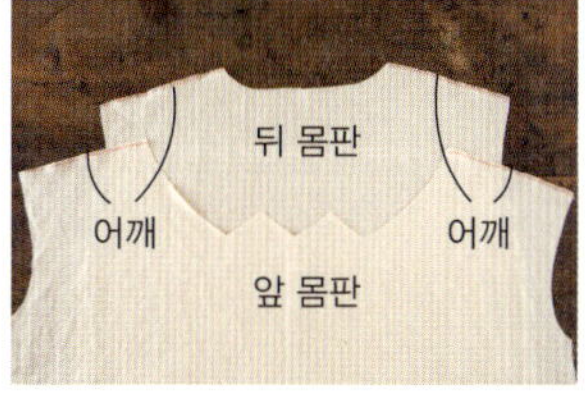

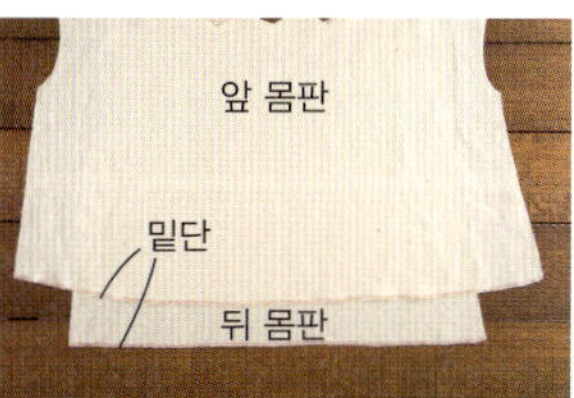

앞 몸판, 뒤 몸판의 어깨, 밑단을 각각 지그재그 박기 한다.

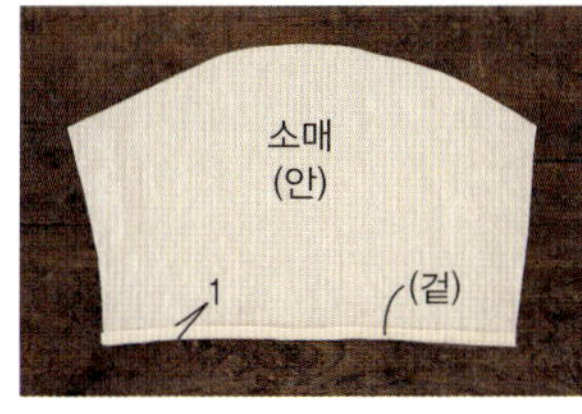

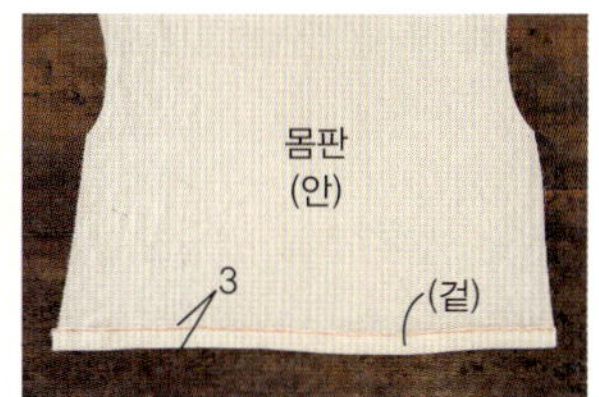

소맷부리를 1cm 폭으로 2번 접고, 밑단을 3cm 폭으로 1번 접어서 다리미로 누른다.

만드는 법 •단위는 cm

※이해하기 쉽게 무지 천을 사용했다

1. 앞 몸판의 턱을 접어 박는다

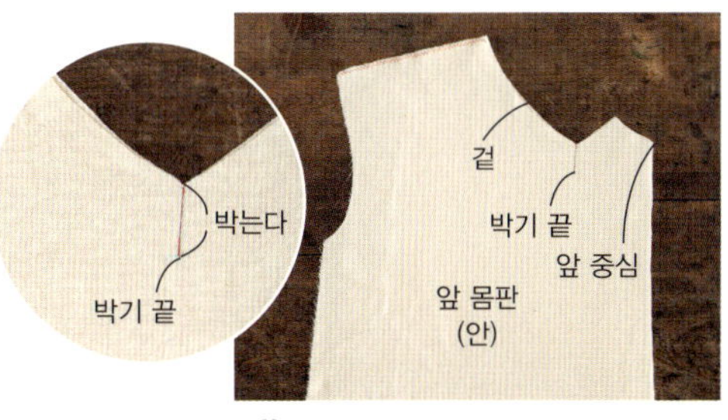

① 앞 몸판을 겉끼리 맞닿게 접고 턱의 위 끝부터 박기 끝까지를 박는다.

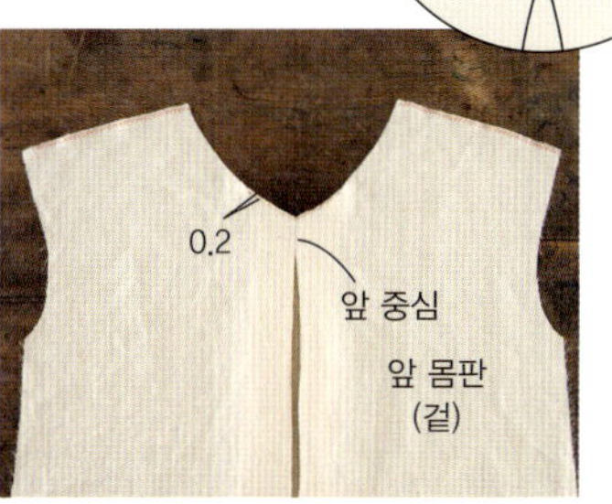

② 앞 몸판을 펴고, 턱의 솔기와 앞 중심을 맞춰서 접고 다리미로 누른다. 위 끝 0.2cm를 박아서 임시 고정한다.

2. 앞·뒤 몸판을 맞춰 어깨를 박는다

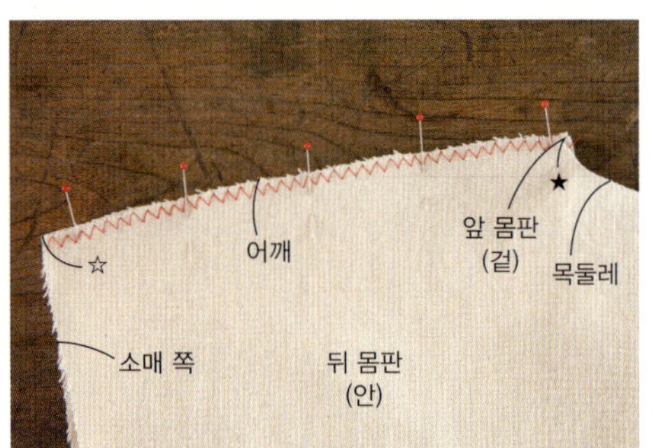

① 앞 몸판과 뒤 몸판을 겉끼리 맞대어, 어깨를 시침핀으로 고정한다.

Point!

어깨 박는 법

어깨의 양끝(☆·★)을 시침핀으로 고정하고서, ☆과 ★ 사이를 균등하게 고정한다.

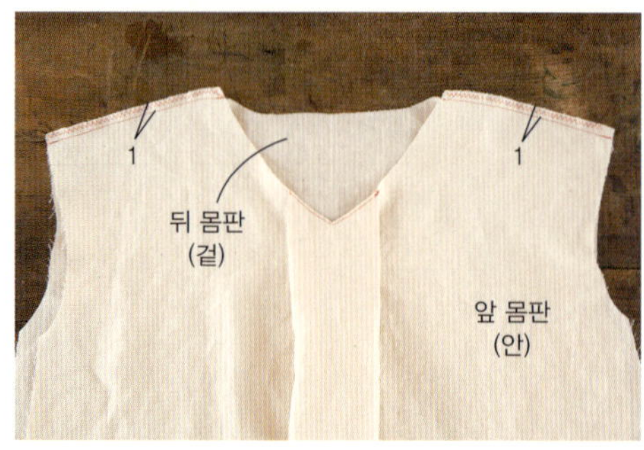

② 시접 1cm로 박는다. 시접을 가른다.

3. 앞·뒤 안단을 맞춰 어깨를 박는다

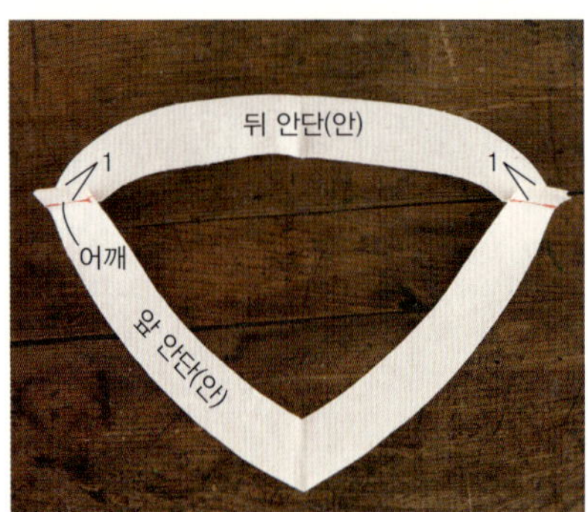

① 앞 안단과 뒤 안단을 겉끼리 맞대어, 어깨를 시접 1cm로 박는다.

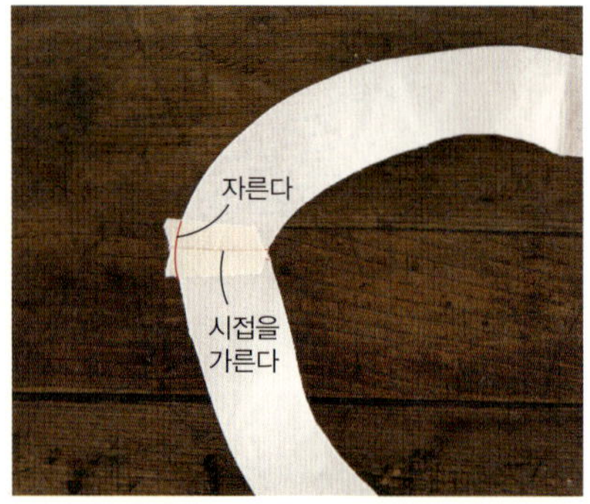

② 시접을 갈라서 다리미로 누른다. 윤곽을 따라 시접을 자른다.

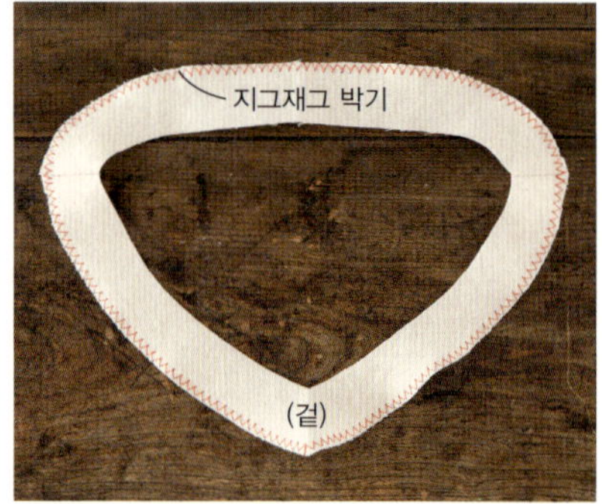

③ 주위를 지그재그 박기 한다.

4. 목둘레를 마무리한다

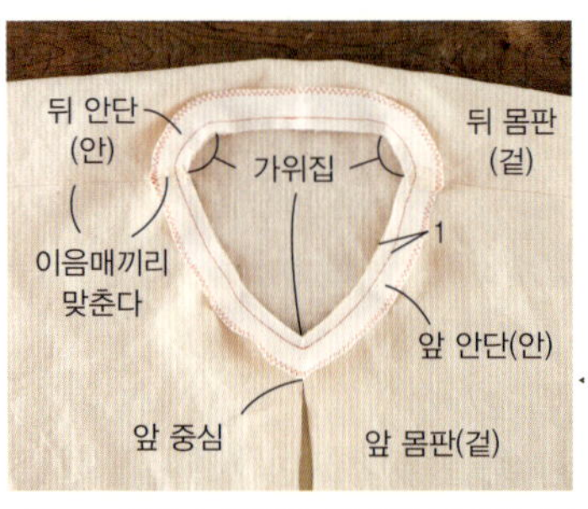

① 몸판과 안단을 겉끼리 맞대어, 목둘레를 시접 1cm로 박는다(앞 중심부터 박기 시작해 마지막 마무리는 되돌아박기를 한다). 앞 중심과 곡선이 심한 부분의 시접에 가위집을 넣는다.

Point!

목둘레 시접에 가위집을 넣는다

몸판과 안단을 박은 다음 곡선이 심한 부분의 시접에, 솔기의 0.2cm 바로 앞까지 가위집을 넣는다. 이렇게 하면 겉으로 뒤집었을 때 곡선이 예쁘게 완성된다.

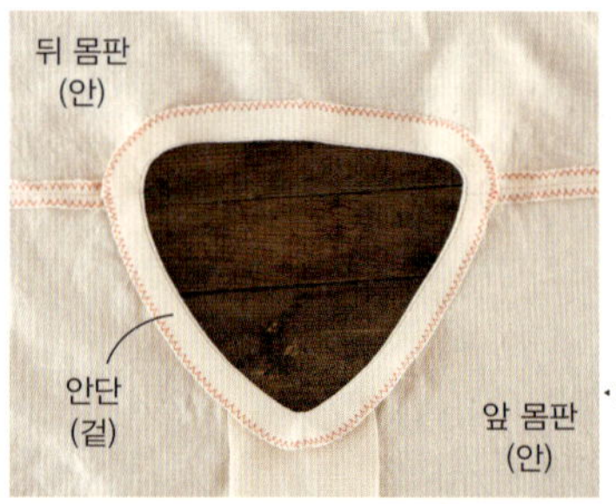

② 안단을 안쪽으로 뒤집어 늘림시접을 준다.

Point!

늘림시접을 준다

안으로 뒤집었을 때 이음매를 0.1cm 안쪽으로 당겨서 접은 선을 만들어, 다리미로 누른다. 이렇게 하면 겉에서 이음매가 보이지 않는다.

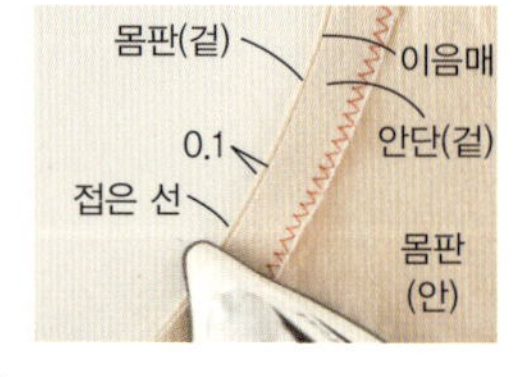

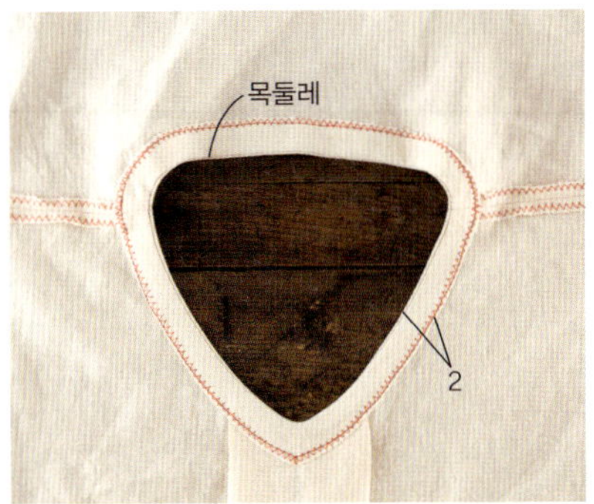

③ 목둘레 끝에서 2cm 지점을 박는다.

5. 소매를 붙이고, 소매 밑 · 옆을 박는다

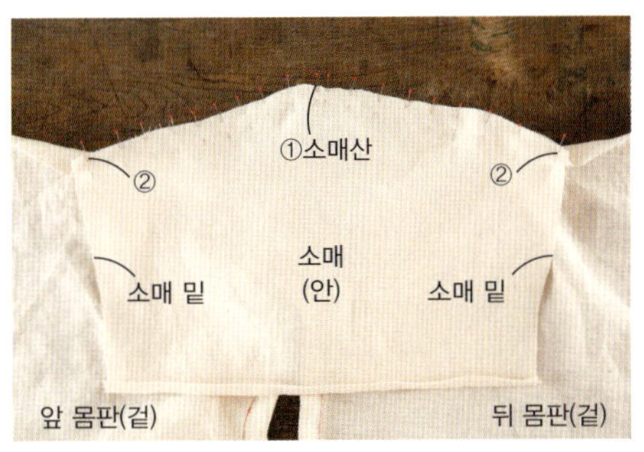

① 몸판과 소매를 겉끼리 맞대어 시침핀으로 고정한다.

①소매산과 ②소매 밑을 시침핀으로 고정하고서 ①과 ② 사이를 균등하게 촘촘히 고정한다.

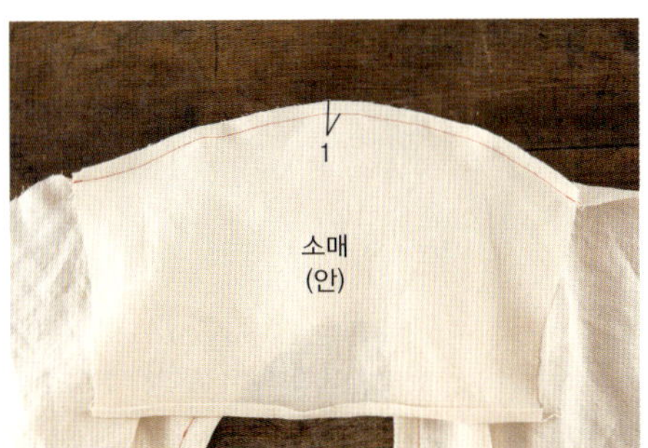

② 소매 붙이는 위치를 시접 1cm로 박는다.

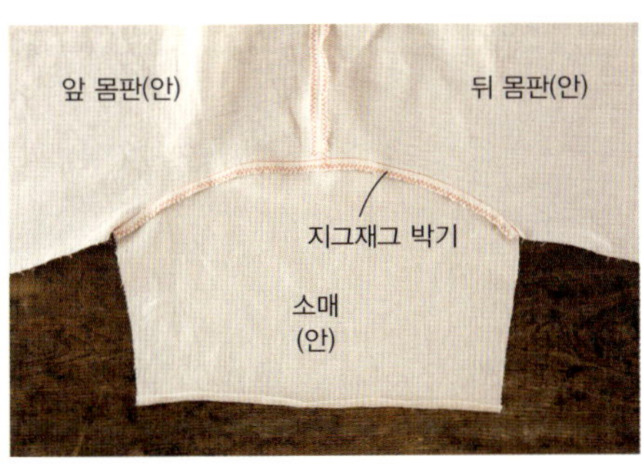

③ 시접을 2장 함께 지그재그 박기 해서 소매 쪽으로 눕히고 다리미로 누른다.

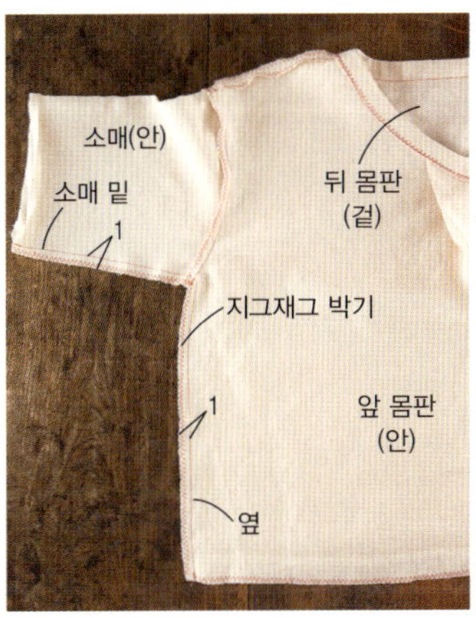

④ 앞 · 뒤 몸판을 겉끼리 맞대어, 사전 준비에서 접은 소맷부리와 밑단을 다시 펴서 옆부터 소매 밑을 천 끝끼리 맞추고 시접 1cm로 박는다. 시접을 2장 함께 지그재그 박기 해서 앞쪽으로 눕힌다.

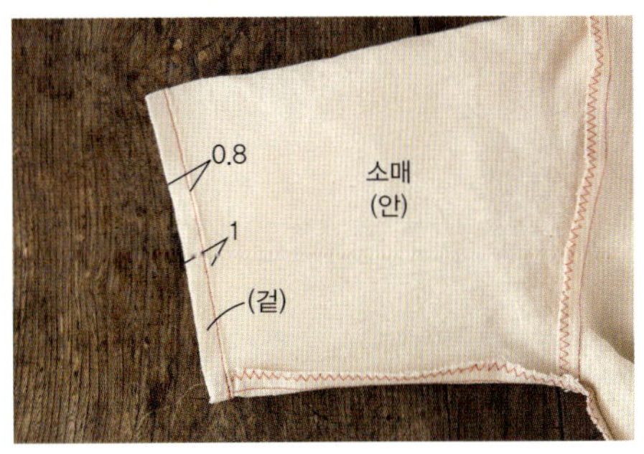

⑤ 소맷부리를 2번 접고 0.8cm 지점을 박는다.

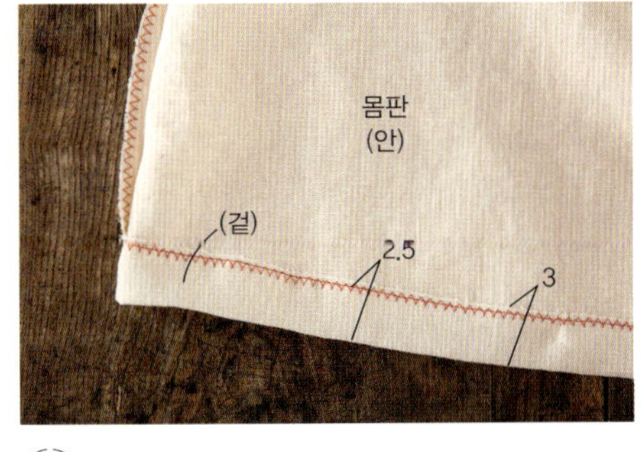

⑥ 밑단을 1번 접고 2.5cm 지점을 박는다.

완성!

Point!

밑단이 퍼지는 디자인의 밑단 마무리

밑단을 박을 때 전체를 시침핀으로 고정한다. 천이 우는 부분은 작게 턱을 잡듯이 접고 송곳으로 밀면서 박는다.

핀포인트 Lesson

작품을 만드는 데 자주 등장하는 테크닉을 정리했다.

개더 잡는 법과 박는 법

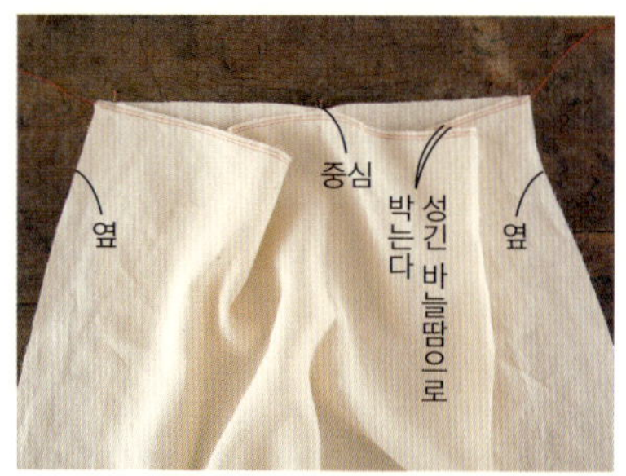

1 개더를 잡을 천에 성긴 바늘땀으로 2줄을 박는다. 되돌아박기를 하지 않고 그대로 둔다. 함께 박을 천에 올려놓고, 중심과 옆을 맞춰서 시침핀으로 고정한다.

2 좌우의 윗실을 2줄씩 각각 당겨서 개더를 잡고 2장의 천 길이를 맞춘다. 좌우 실 4가닥을 각각 하나로 묶는다.

3 개더를 균등하게 정돈하면서 시침핀으로 촘촘히 고정한다.

4 개더를 송곳으로 눌러가며 천천히 박는다.

Point!

왼손으로 천을 가볍게 당기면서 위 천, 아래 천을 함께 박는다. 이때 다른 곳까지 박지 않도록 조심한다.

바이어스테이프 만드는 법

바이어스테이프란

올 방향의 45도로 선을 그리고, 이 선에 다시 평행으로 선을 그려서 자른 것을 바이어스 천이라고 하는데, 이 천을 접은 것이 바이어스테이프다. 길이가 부족한 경우에는 자른 바이어스 천을 필요한 길이로 연결해서 테이프를 만든다.

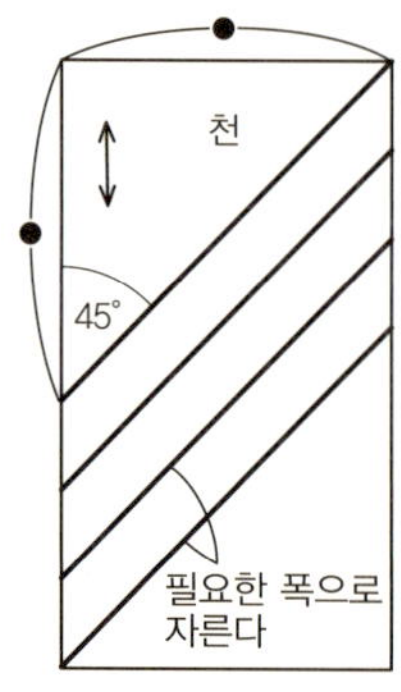

바이어스 천 연결하는 법

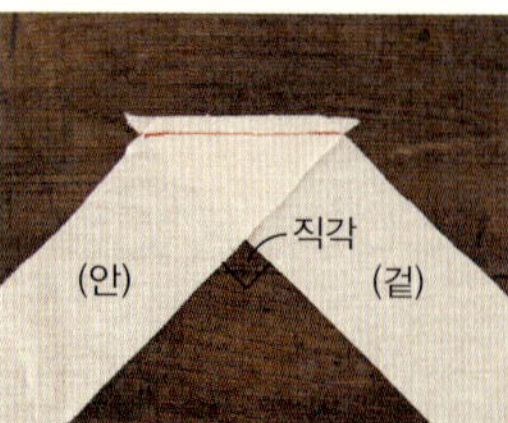

바이어스 천의 끝을 직각으로 겉끼리 맞대어 박는다.

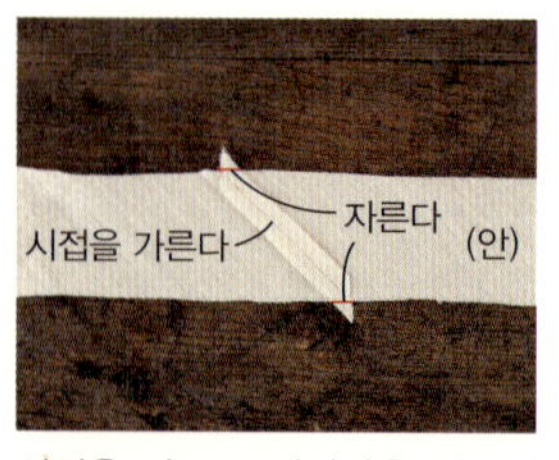

시접을 가르고 튀어나온 여분의 시접을 자른다.

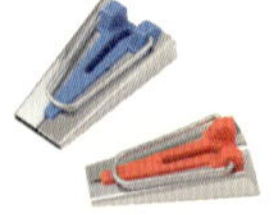

테이프 메이커로 만들면 편리하다

바이어스 천을 잘라서 바이어스테이프를 만든다

※테이프 메이커가 없는 경우에는 다리미로 접어서 만든다

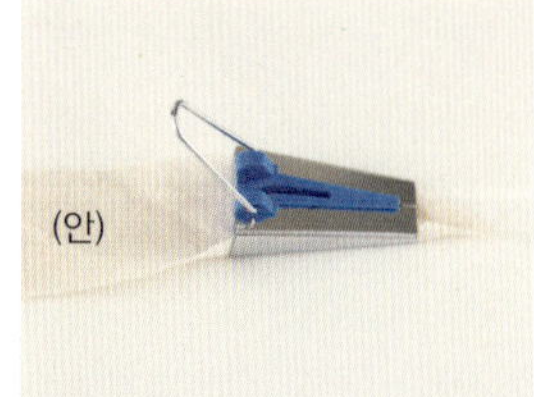

테이프 메이커에 안쪽이 위로 오게 바이어스 천을 끼우고 끝을 송곳으로 끌어낸다.

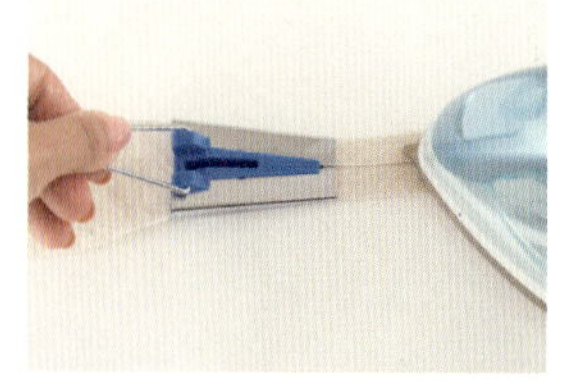

테이프 메이커의 손잡이를 당기면서 나오는 바이어스 천을 다림질하면 된다.

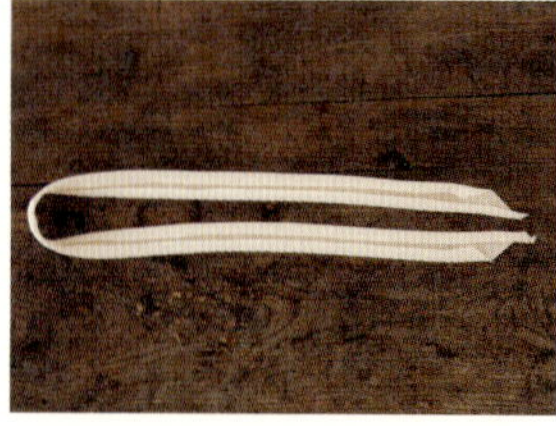

완성

HOW TO MAKE

●들어가며

・이 책에서는 각각의 작품을 S·M·L·LL 사이즈로 소개한다. 아래의 사이즈 표와 각 작품의 완성 사이즈를 기준으로 삼아 선택하면 된다.
・각 작품의 재단 배치도는 M 사이즈 기준. 사이즈나 사용하는 천에 따라서 배치가 달라질 수 있으므로, 재단하기 전에 반드시 패턴을 천에 배치해본다.
・재료의 사이즈는 '폭×길이'의 순서다.
・납작 고무줄은 표준 사이즈다. 사이즈에 맞춰서 조정한다.
・옷본에는 시접이 포함되어 있으므로 따로 시접이 필요 없다.

●사이즈 표

・단위는 cm.
・사이즈는 누드 치수다. 모델의 키는 170cm이고, M 사이즈를 착용했다.

	S	M	L	LL
키	153~160		160~165	
가슴둘레	81	84	88	94
허리둘레	63	66	70	74
엉덩이둘레	86	90	94	98

●완성 사이즈에 대해

옷 길이는 넥 포인트부터 뒤 밑단까지의 길이를, 팬츠 길이·스커트 길이는 총 옆 길이(옆의 위 끝부터 밑단까지·허리 밴드를 포함한다)를 나타낸다.

〈옷 길이〉

〈팬츠·스커트 길이〉

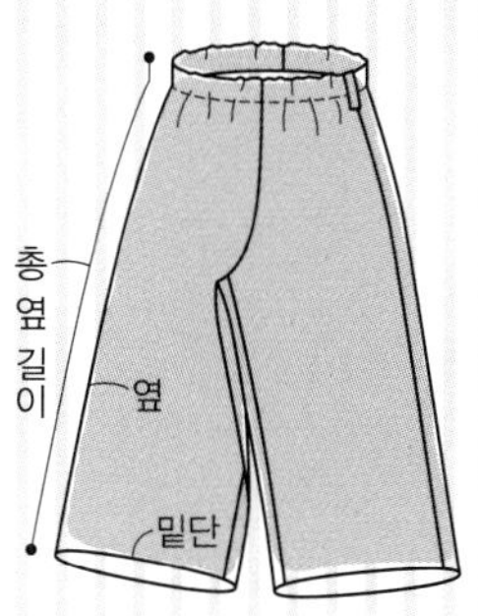

만들기 전에 알아두어야 할 것

옷본

· 부록의 실물 대형 옷본은 여러 작품의 선이 겹쳐져 있기 때문에, 패턴지나 투사지와 같이 비치는 종이로 베껴서 사용한다.

· 만드는 법에서 해당하는 실물 대형 옷본의 위치를 확인하고, 재단 배치도에서 패턴 모양을 확인한 다음 찾는다. 또 패턴 이름과 번호가 옷본 주위에 표시되어 있으니 그것부터 확인하면 쉽게 찾을 수 있다.

옷본 기호

식서 방향선
천의 올(세로 올) 방향

골선
천을 반으로 접은 선

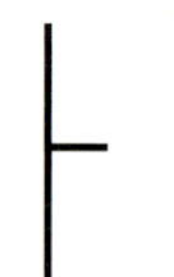

맞춤 표시
2장의 천이 어긋나지 않게 맞추기 위한 표시

턱
주름을 만들기 위한 표시

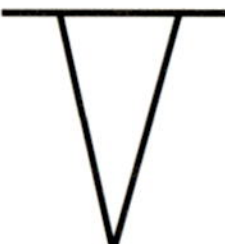

다트
2줄의 선을 겹쳐서 박는 표시

옷본 베끼는 법

1 만들고 싶은 작품의 실물 대형 옷본의 선을 마커로 덧그린다. 옷본 위에 비치는 종이를 올려 자를 사용해서 베낀다.

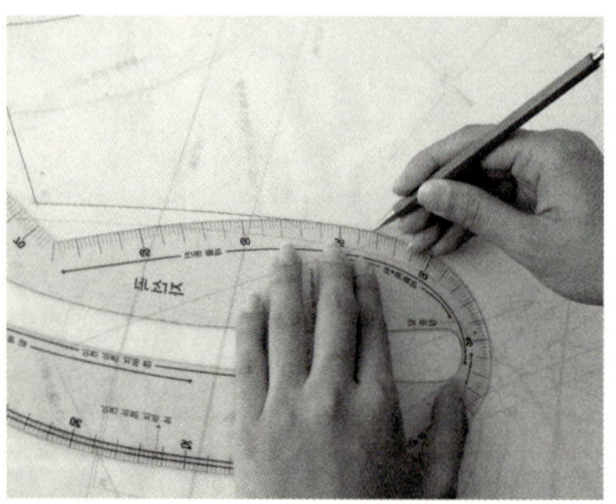

2 곡선은 곡선자를 사용해서 베끼면 편리하다.

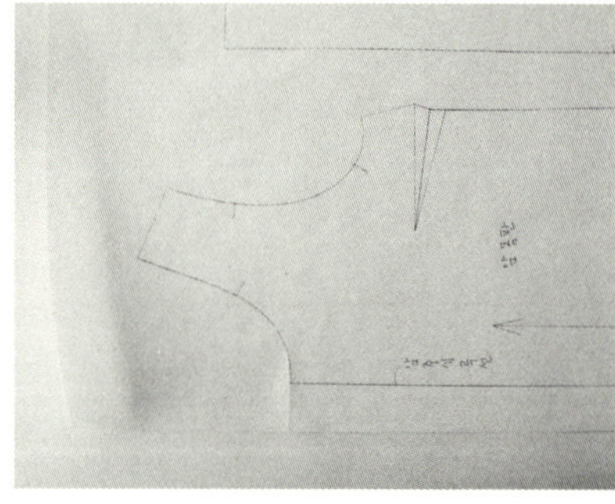

3 파트명과 식서 방향선, 맞춤 표시 같은 기호도 베낀다.

천 준비

옷을 완성하고 세탁했을 때 줄어들거나 올이 틀어지지 않게 선세탁을 해둘 필요가 있다. 선세탁은 중성세제(울샴푸)를 사용해서 세탁기의 울코스로 가볍게 빨고, 올을 정돈해서 반건조 상태가 될 때까지 그늘에서 말린 다음 올 바로잡기를 한다. 단, 물에 닿으면 촉감이 변하는 천은 세탁하지 말아야 한다.

〈올 바로잡기란〉
올이 직각이 되도록 정돈하고 올을 따라 안쪽에서 다림질한다.

※니트지는 스팀 다리미로 천이 늘어나지 않게 다린다

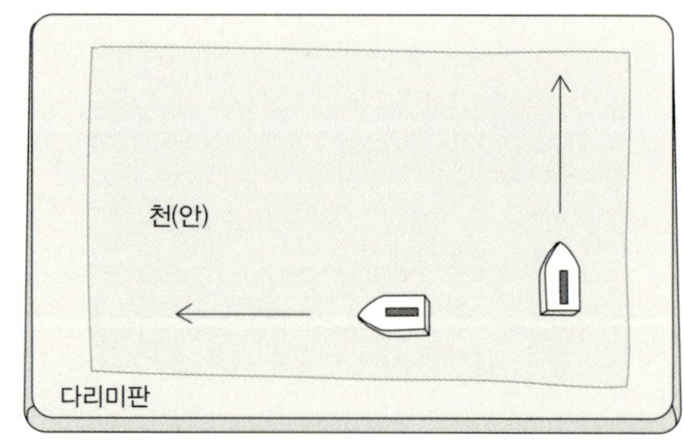

실, 바늘

재봉바늘과 재봉실은 천에 맞는 것을 사용한다. 니트는 니트용 재봉바늘과 실을 사용하도록 한다.

천의 종류	재봉바늘	재봉실
얇은 천 (면 론, 보일 등)	7, 9호	90번
보통 천 (리넨, 면마 등)	9, 11호	60번
두꺼운 천 (코튼 웨더, 두꺼운 데님, 압축 울 등)	11, 14호	30~60번

접착심지 붙이는 법

· 재단 배치도에서 접착심지를 붙이는 표시가 있으면 천 안쪽에 접착심지를 붙인다. 접착심지에는 직물, 니트, 부직포 등의 종류가 있으므로 사용하는 천에 맞춰서 선택한다.

· 천 안쪽에 접착심지의 접착 면을 올려서 헝겊을 대고 다리미로 끝에서부터 누르듯이 고르게 힘을 주어 다린다. 다리미를 조금씩 옮겨 빈틈이 생기지 않게 붙이고, 다 붙였으면 식을 때까지 그대로 둔다.

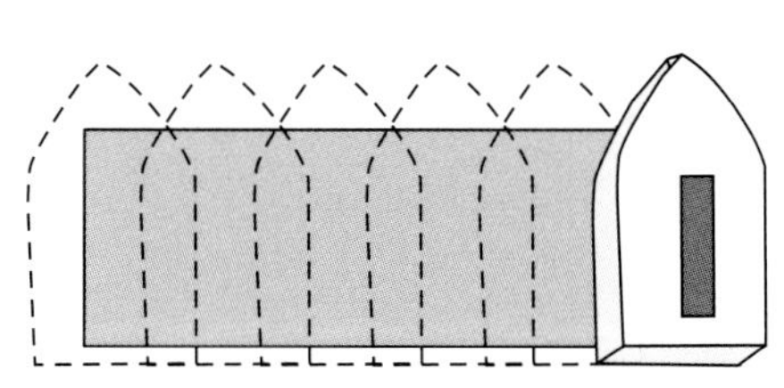

ㄷ자 바느질

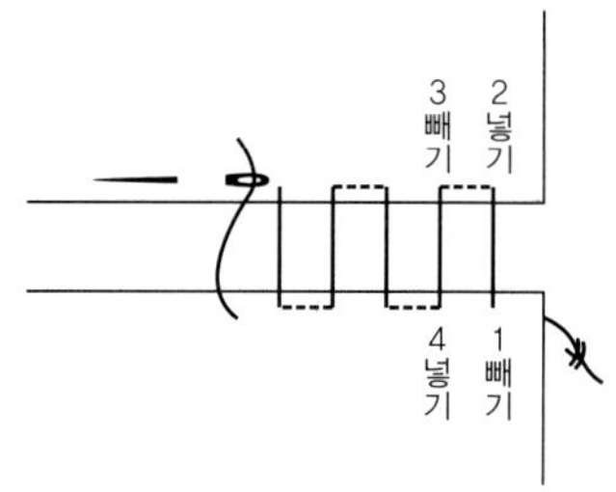

2장의 천의 접은 선을 맞대고 그 사이를 ㄷ자 바느질로 접은 선을 고르게 떠간다.

턱 접는 법

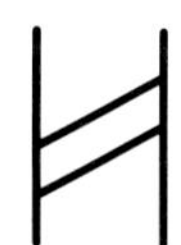

사선의 위쪽에서 아래쪽으로 눕혀 주름을 만든다.

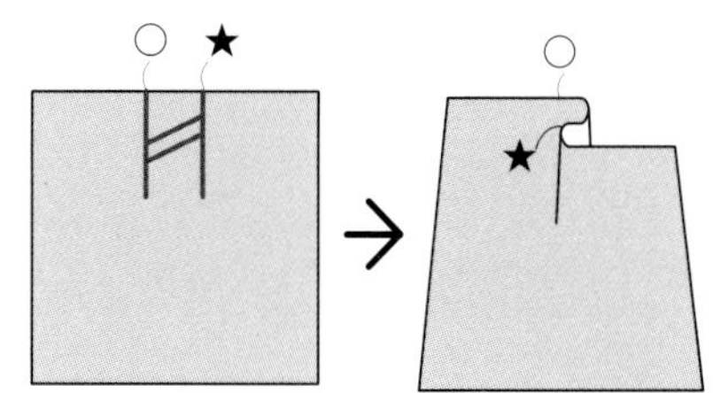

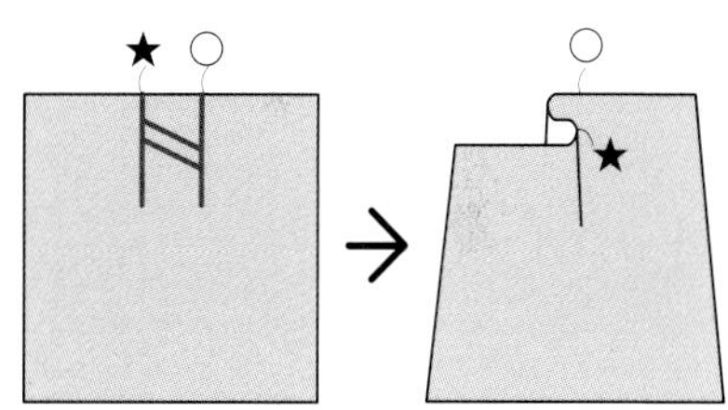

똑딱단추 다는 법

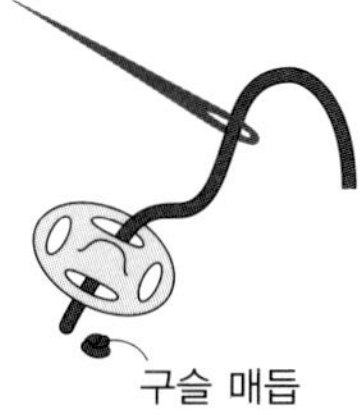

1. 구슬 매듭을 짓고, 천의 겉을 한 바늘 뜨고 구멍으로 빼낸다.

2. 1, 2의 순서로 바늘을 넣었다 빼고, 실 고리에 바늘을 통과시킨다.

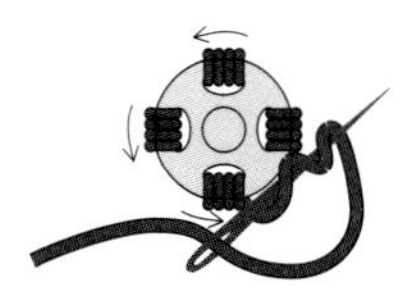

3. 전체 구멍에 바느질이 끝나면 구멍 옆에서 구슬 매듭을 짓는다.

4. 똑딱단추 아래로 바늘을 통과시키고 실을 자른다.

프렌치 소매 풀오버 Photo P12

프렌치 소매 원피스 Photo P18

실물 대형 옷본

B면 [5] [6]
1-앞 몸판 2-뒤 몸판 3-뒤 안단

재료 •왼쪽부터 S/ M/ L/ LL

〈프렌치 소매 풀오버〉

- 리넨…150cm 폭×100cm
- 6.5cm 폭의 레이스 테이프…52/ 54/ 56/ 58cm
- 지름 1.5cm의 단추…1개
- 접착심지…12×15cm
- 폭 0.3cm의 가죽 끈…6cm

〈프렌치 소매 원피스〉

- 코튼 실크…
  109cm 폭×220/ 220/ 230/ 230cm
- 지름 1cm의 단추…1개
- 접착심지…12×15cm
- 폭 0.3cm의 가죽 끈…5cm

완성 사이즈 •왼쪽부터 S/ M/ L/ LL

가슴둘레＝105/ 108/ 112/ 118cm
옷 길이＝풀오버 52/ 54/ 56/ 58cm
원피스 93/ 95/ 97/ 99cm

재단 배치도 •단위는 cm

※프릴, 바이어스 천은 천에 직접 선을 그려서 자른다

〈풀오버〉

뒤 안단 (1장)
길이 45 바이어스 천(2장)
2.5
길이 70 바이어스 천(1장)
100cm
골선
뒤 몸판 (1장)
앞 몸판 (1장)
150cm 폭

※ ▒는 접착심지. 뒤 안단은 접착심지를 붙이고서 자른다

천의 안쪽
접착심지

〈원피스〉

길이 45 바이어스 천 (2장)
1
길이 70 바이어스 천 (1장)
2.5
뒤 안단 (1장)
골선
뒤 몸판 (1장)
220/ 220/ 230/ 230cm
18
프릴 (1장)
110/ 113/ 116/ 120
골선
앞 몸판 (1장)
109cm 폭

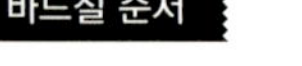

바느질 순서

1. 재단 배치도를 참조해서 천을 자르고 사전 준비를 한다

〈풀오버〉

〈원피스〉

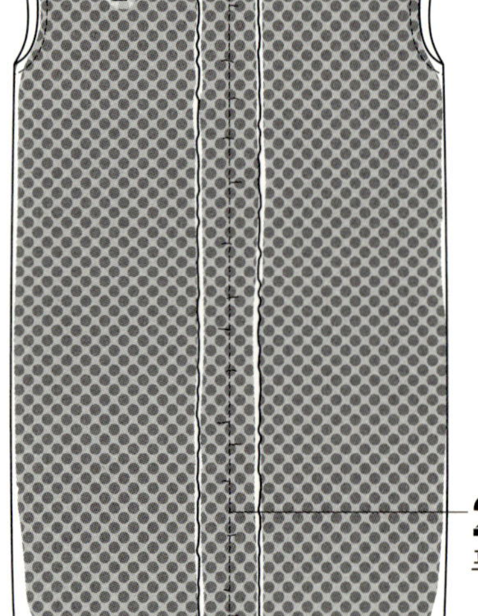

사전 준비 •단위는 cm

- 뒤 안단에 지그재그 박기를 한다

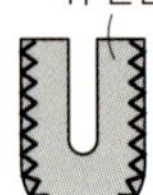

- 뒤 몸판의 밑단에 지그재그 박기를 하고, 3cm 폭으로 1번 접는다

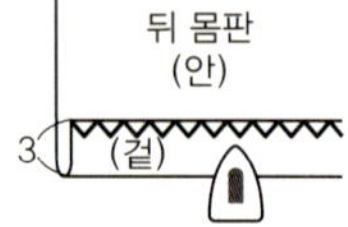

만드는 법 •단위는 cm

2. 앞 몸판에 레이스 테이프를 붙인다 〈풀오버〉

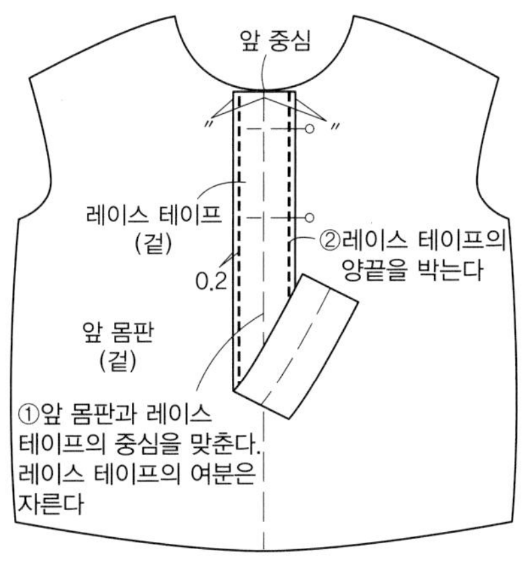

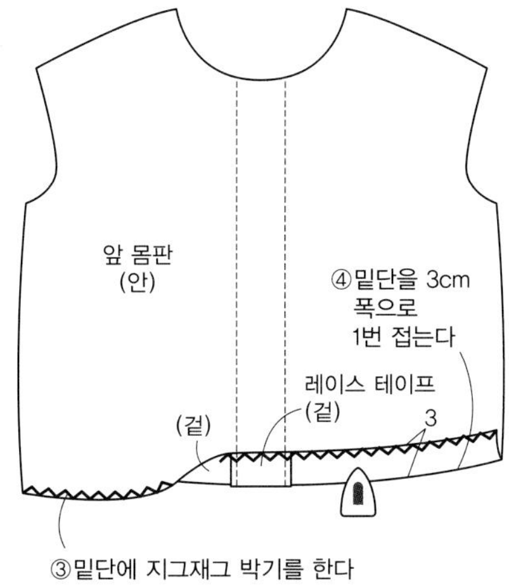

10
앞 중심
프릴(겉)
앞 몸판
(겉)
프릴
(겉)

③겉으로 뒤집어 중앙에 성긴
바늘땀으로 박는다

④프릴과 앞 몸판을 맞대고, 프릴의 실을 당겨서
앞 몸판의 길이에 맞추고 실 2가닥을 하나로 묶는다.
프릴을 앞 몸판의 중심에 박는다
⑤풀오버와 같이 밑단에 지그재그 박기를 하고,
3cm 폭으로 1번 접는다

2. 앞 몸판에 프릴을 붙인다 〈원피스〉

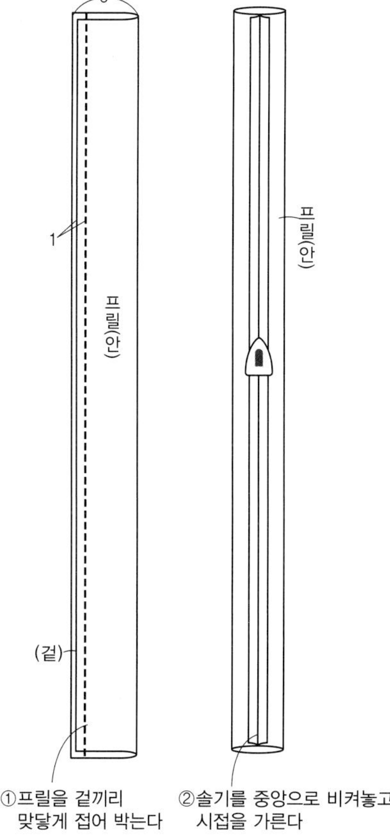

3. 어깨를 박는다

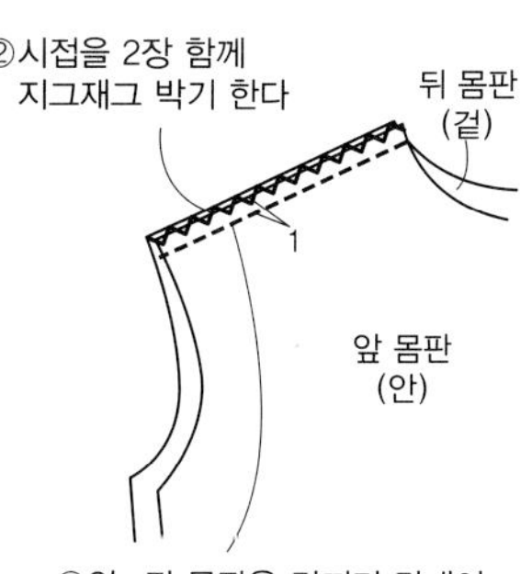

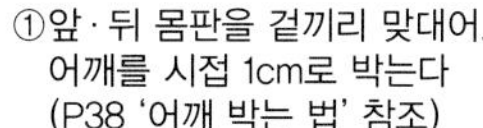
①앞·뒤 몸판을 겉끼리 맞대어,
어깨를 시접 1cm로 박는다
(P38 '어깨 박는 법' 참조)

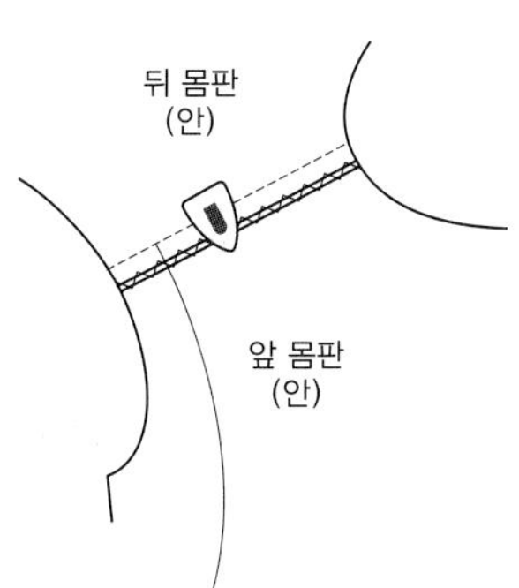

4. 뒤트임, 목둘레를 마무리한다

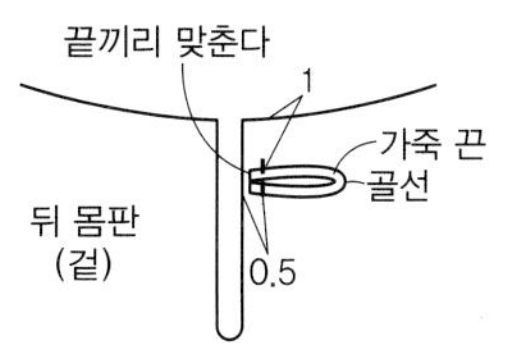

①가죽 끈을 반으로 접고 뒤트임에
되돌아박기로 단다

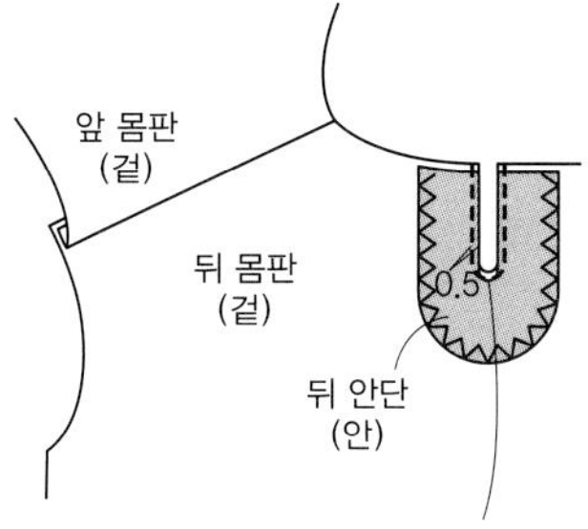

②뒤 몸판과 안단을 겉끼리 맞대어
가죽 끈을 끼워서 뒤트임을 박는다

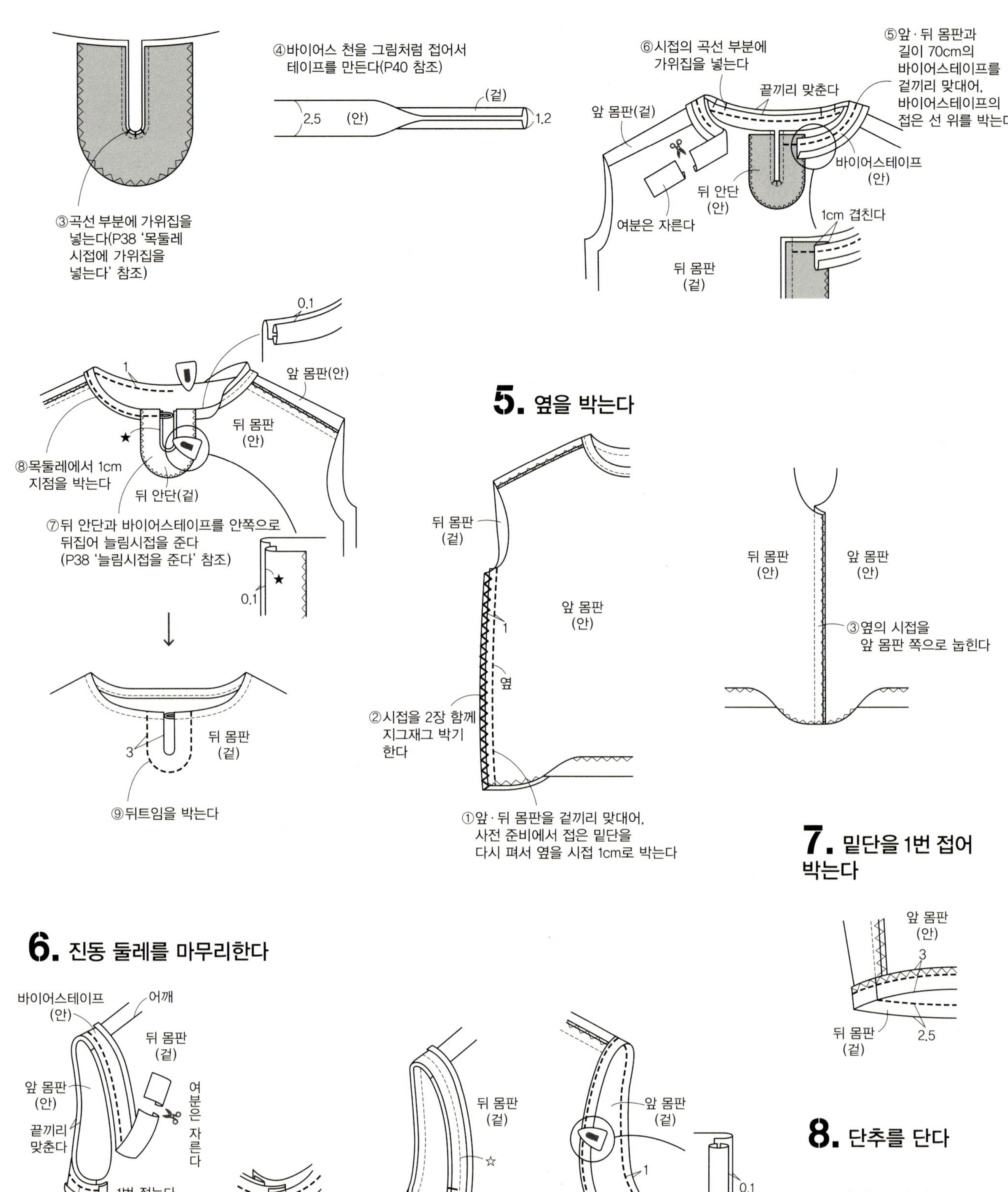

5. 옆을 박는다

7. 밑단을 1번 접어 박는다

6. 진동 둘레를 마무리한다

8. 단추를 단다

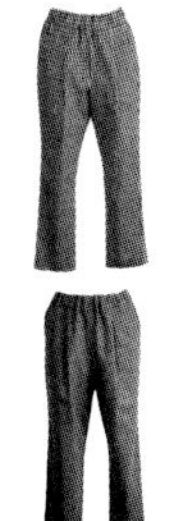

테이퍼드 팬츠 Photo P13, 28

재료 •왼쪽부터 S/ M/ L/ LL •기본은 P13. [ ] 안은 P28. 지정된 것 이외는 공통

- 코튼 스트레치 [울 색스니 스트레치]…
  110cm [142cm] 폭×250/ 250/ 260/ 260cm [220/ 220/ 230/ 230cm]
- 3cm 폭의 납작 고무줄…67/ 70/ 73/ 76cm
- 접착심지…1×25cm 2장

실물 대형 옷본

A면 [1]
1-앞 팬츠 2-뒤 팬츠 3-포켓

완성 사이즈 •왼쪽부터 S/ M/ L/ LL

팬츠 길이 =93/ 93.5/ 96/ 96.5cm

재단 배치도 •단위는 cm •왼쪽 또는 위부터 S/ M/ L/ LL

※허리 천은 천에 직접 선을 그려서 자른다

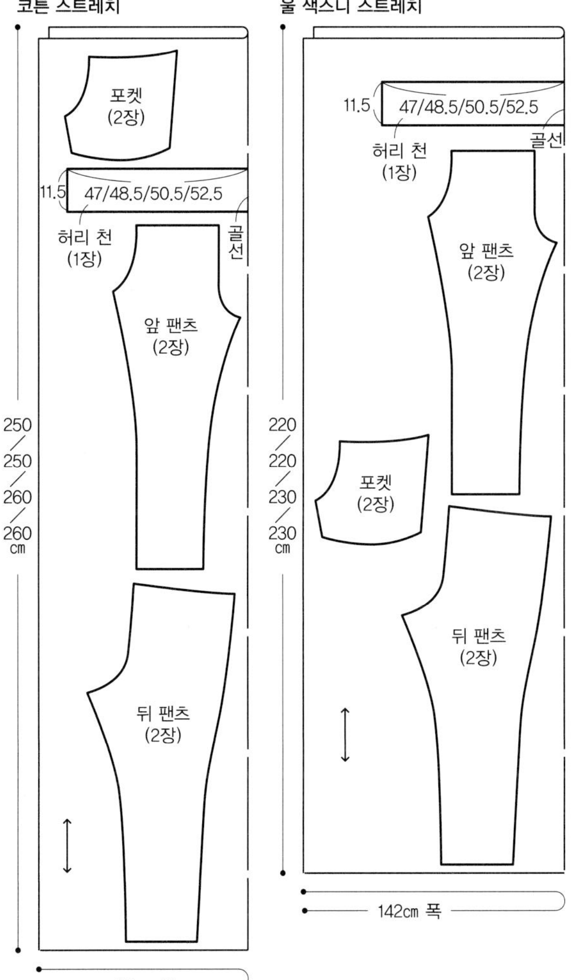

바느질 순서

1. 재단 배치도를 참조해서 천을 자르고 사전 준비를 한다

사전 준비 •단위는 cm

•앞 팬츠의 포켓 입구에 그림처럼 접착심지를 붙인다

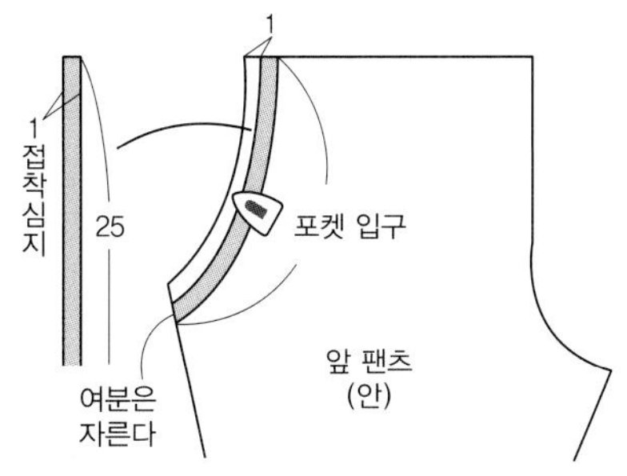

•앞 · 뒤 팬츠의 밑단을 1.5cm 폭으로 2번 접는다

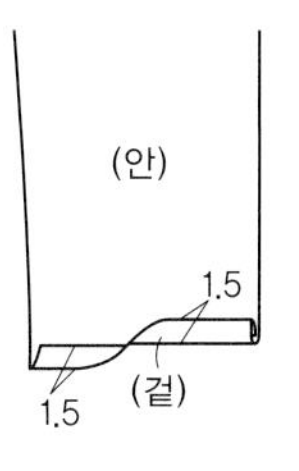

만드는 법 •단위는 cm

2. 포켓과 턱을 만든다

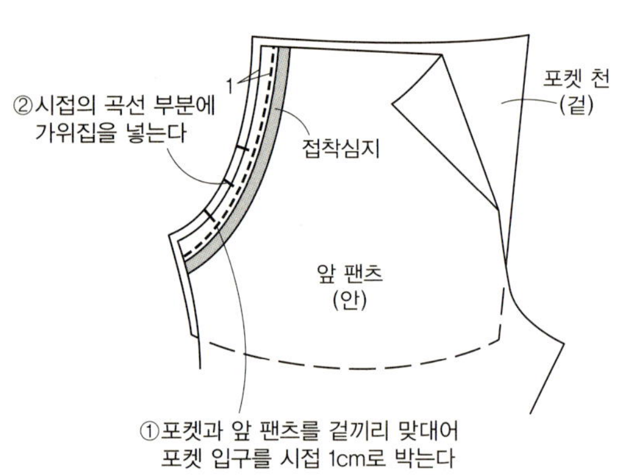

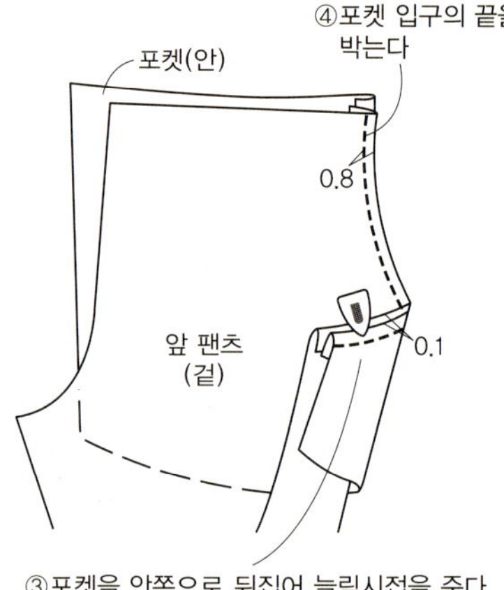

포켓
(안)
접는 위치
⑤포켓 천을
접는 위치에서
접는다
1
앞 팬츠
(안)
⑥포켓의 바닥을 시접 1cm로 박고,
시접을 2장 함께 지그재그 박기 한다

↓

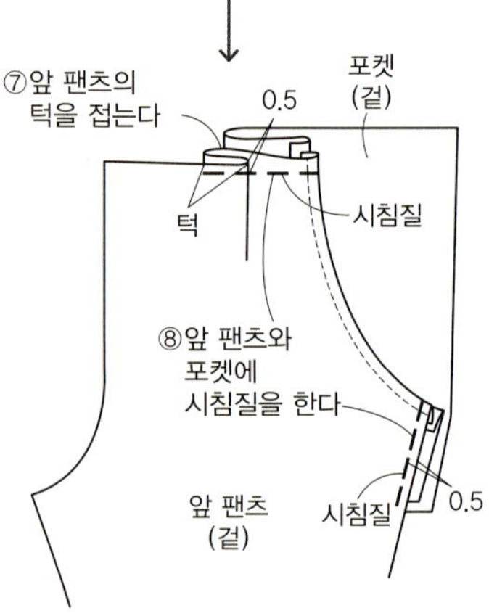

3. 밑아래, 옆을 박는다

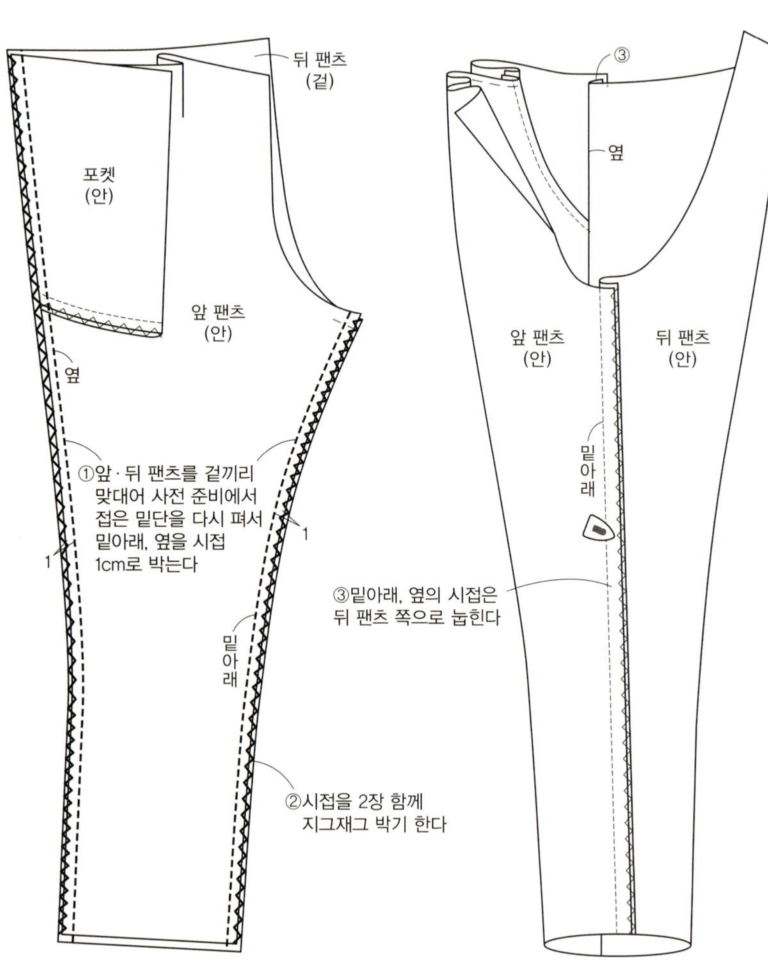

4. 밑위를 박는다

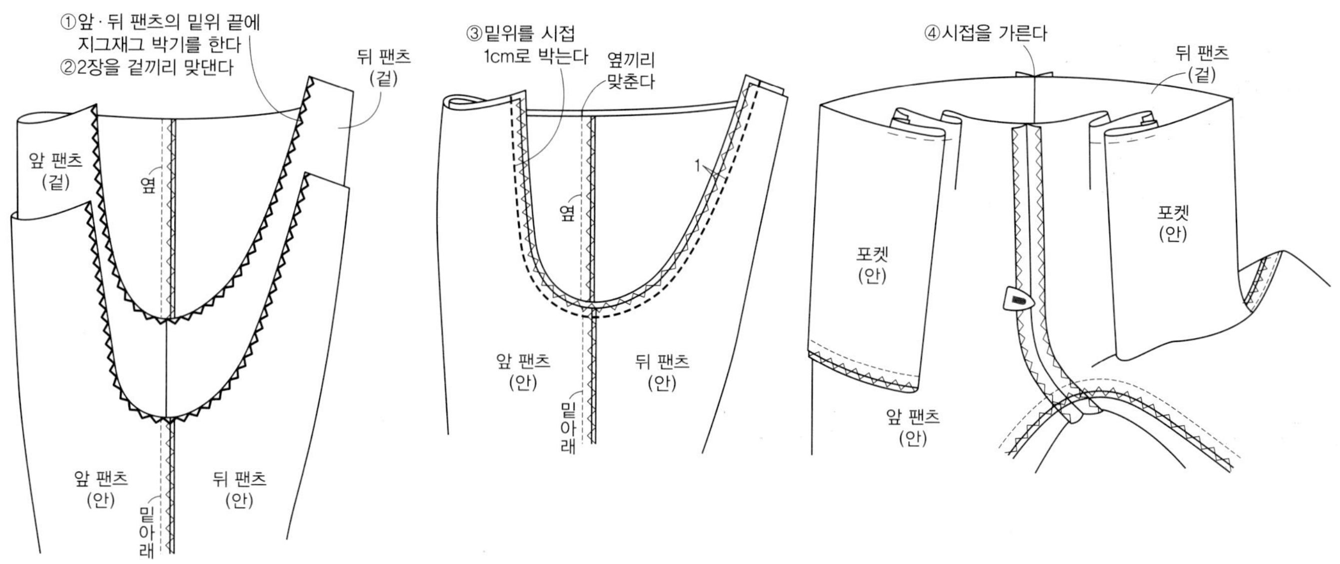

5. 허리 천을 붙이고 고무줄을 끼운다

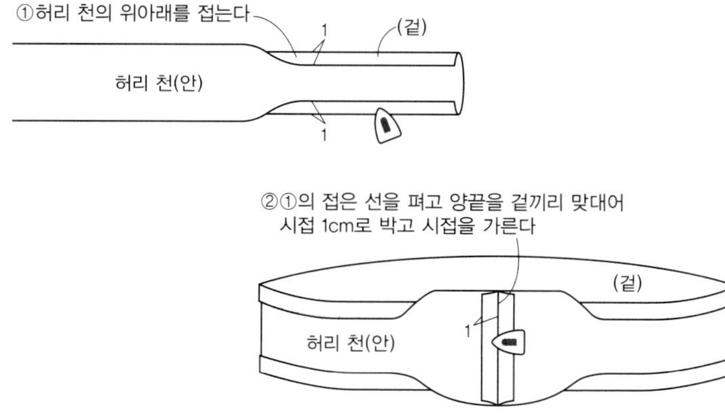

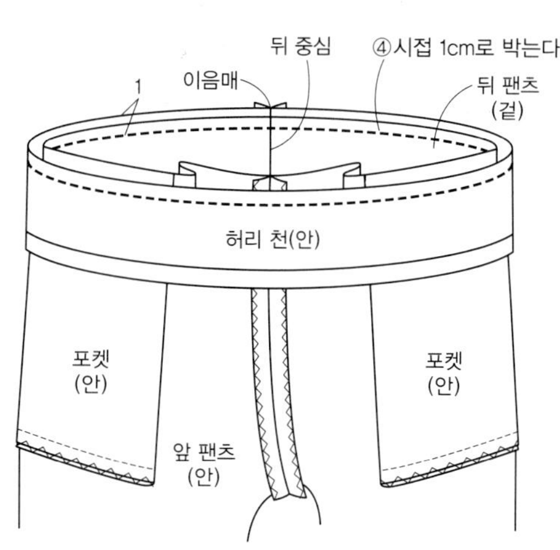

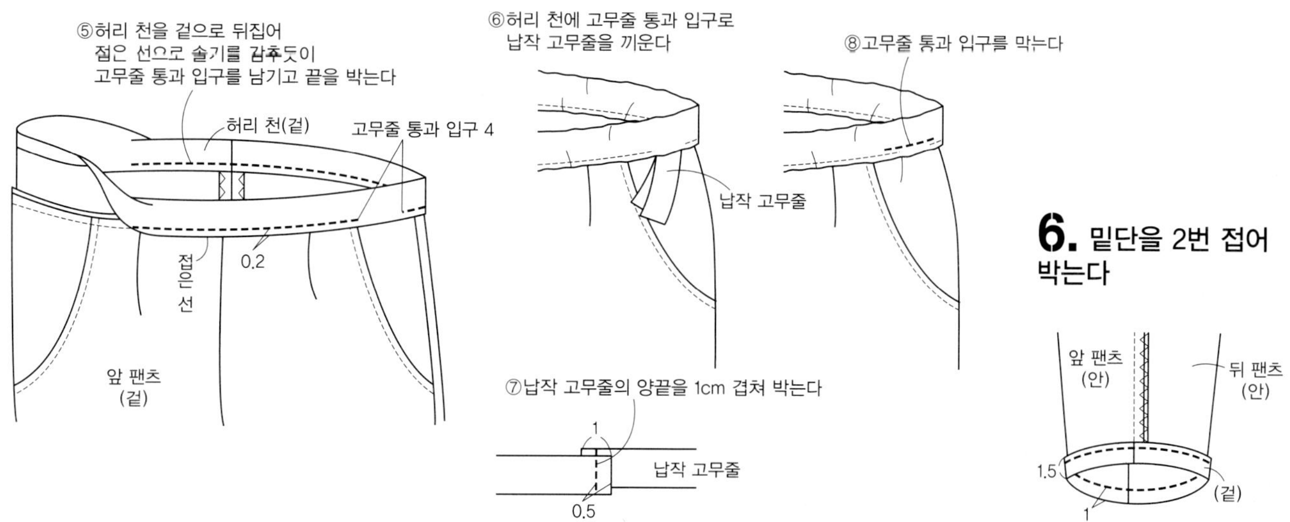

6. 밑단을 2번 접어 박는다

래글런 소매 원피스 Photo P8

래글런 소매 풀오버 Photo P26

재료 •왼쪽부터 S/ M/ L/ LL

〈래글런 소매 원피스〉
• 울…146cm 폭×180cm

〈래글런 소매 풀오버〉
• 울 폴리우레탄 자카드…
144cm 폭×140cm

실물 대형 옷본

D면 [16] [17]
1-앞 몸판 2-뒤 몸판 3-소매

완성 사이즈 •왼쪽부터 S/ M/ L/ LL

가슴둘레 = 105/ 108/ 112/ 118cm
옷 길이 = 원피스 88.5/ 90.5/ 92.5/ 94.5cm
풀오버 47/ 49/ 51/ 53cm

재단 배치도 •단위는 cm

※바이어스 천은 천에 직접 선을 그려서 자른다

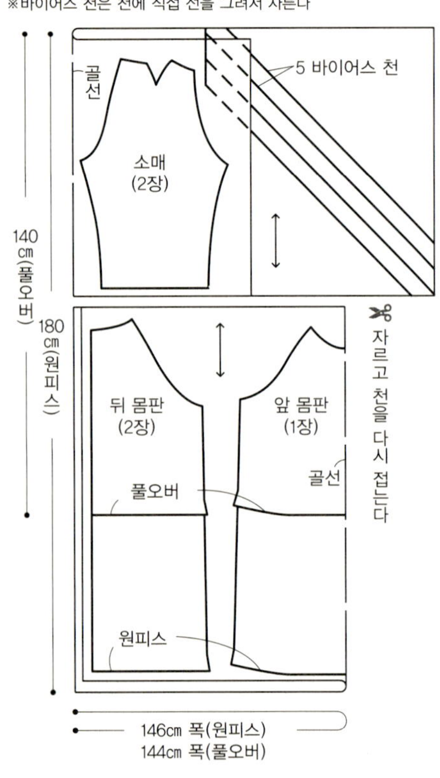

바느질 순서

1. 재단 배치도를 참조해서 천을 자르고 사전 준비를 한다

〈풀오버〉

앞

5. 목둘레를 바이어스테이프로 감싼다

3. 소매 다트를 박는다

4. 소매를 붙인다

8. 밑단을 1번 접어 박는다

6. 소매 밑, 옆을 박는다

7. 소맷부리를 1번 접어 박는다

〈원피스〉

뒤

2. 뒤 중심을 박는다

사전 준비 •단위는 cm

• 바이어스 천을 연결해서 길이 185cm를 만든다
(P40 '바이어스테이프 만드는 법' 참조)
• 뒤 몸판(뒤 중심, 소매 붙이는 위치, 밑단), 앞 몸판(소매 붙이는 위치, 밑단), 소매(몸판 붙이는 위치, 소맷부리)에 지그재그 박기를 한다

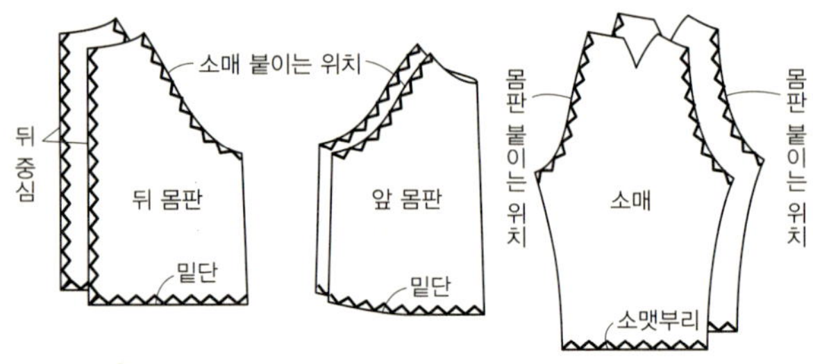

• 소맷부리, 밑단을 3cm 폭으로 1번 접는다

(안)
3
(겉)

만드는 법 •단위는 cm

2. 뒤 중심을 박는다

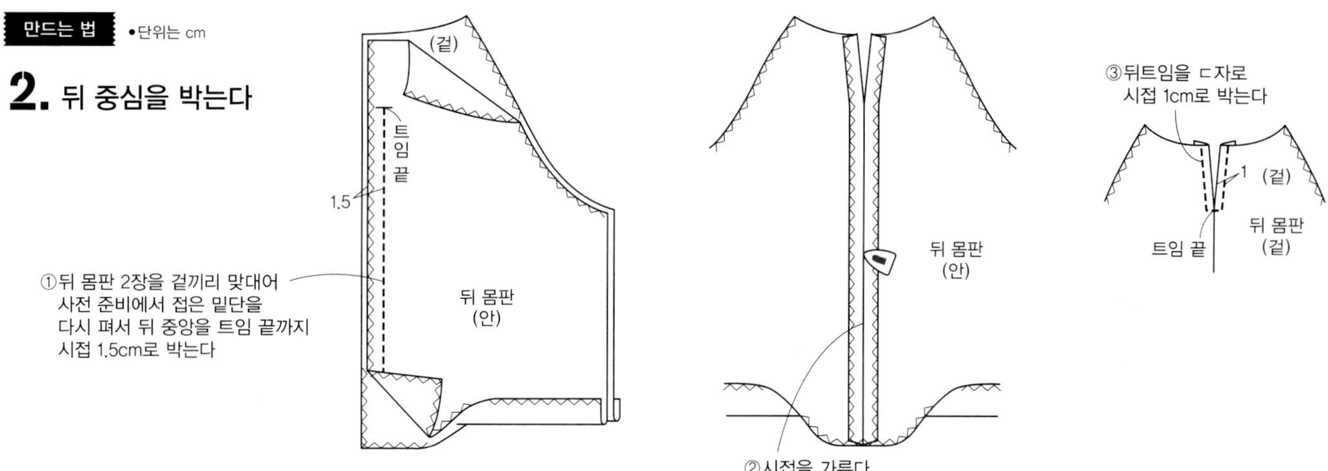

3. 소매 다트를 박는다

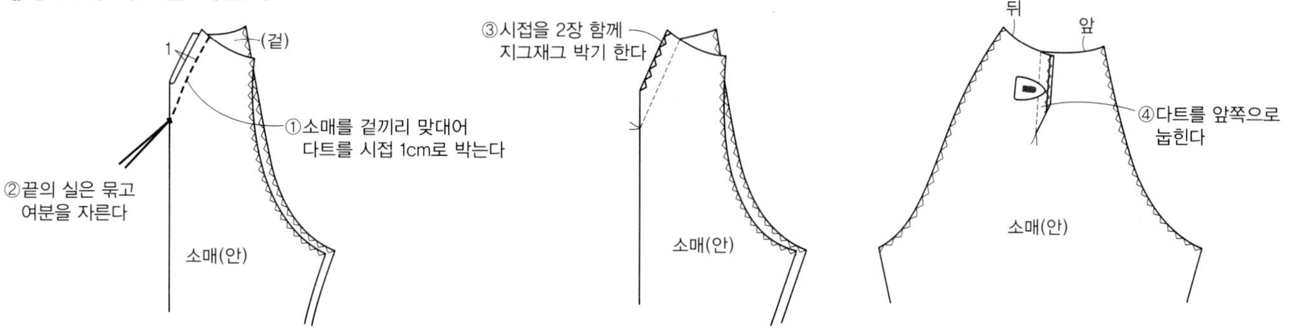

4. 소매를 붙인다

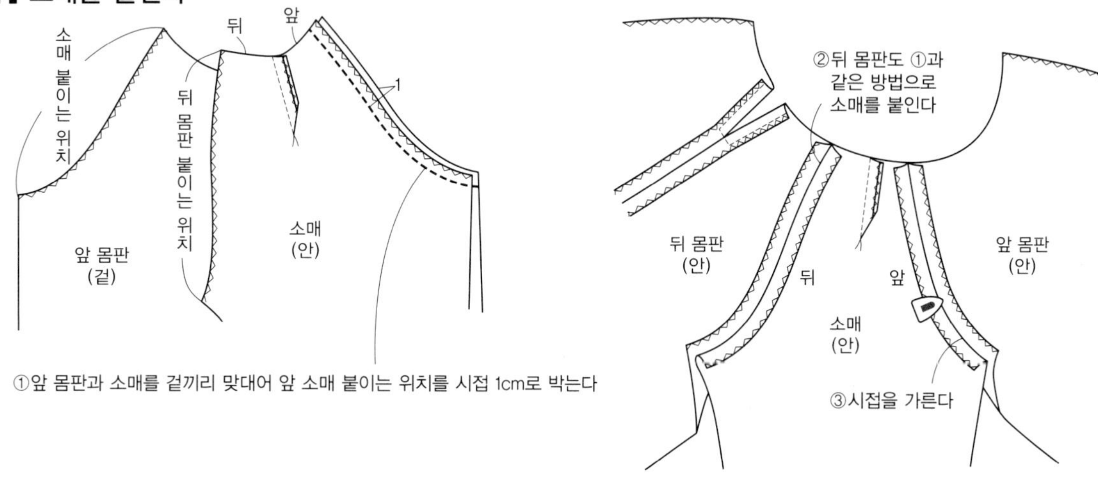

5. 목둘레를 바이어스테이프로 감싼다

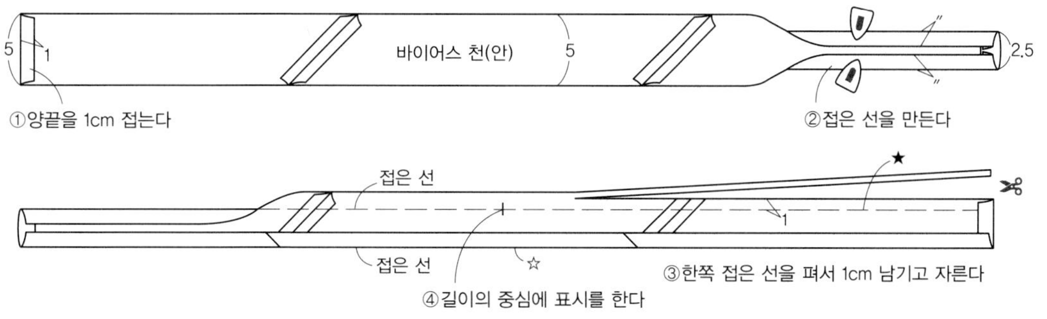

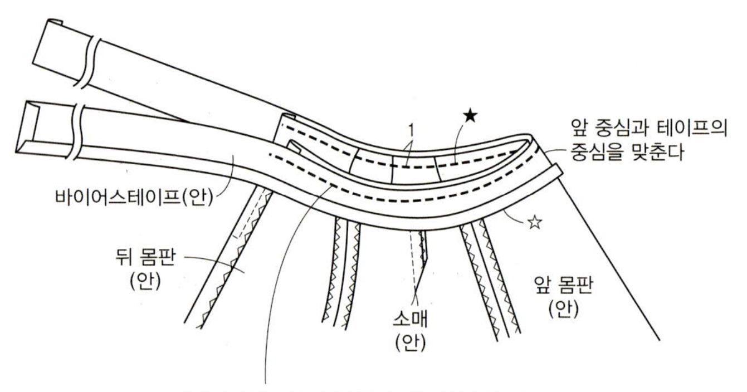

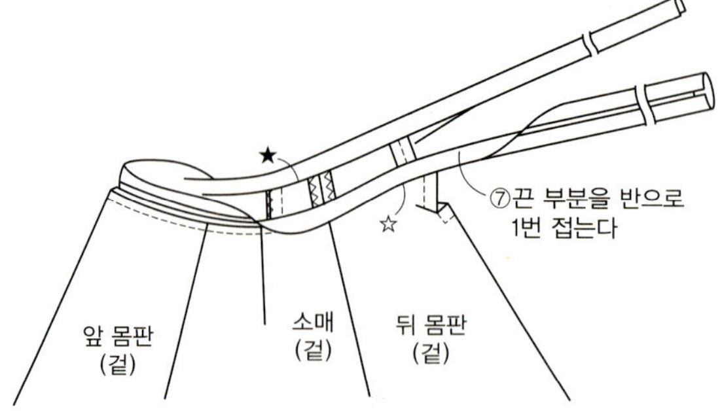

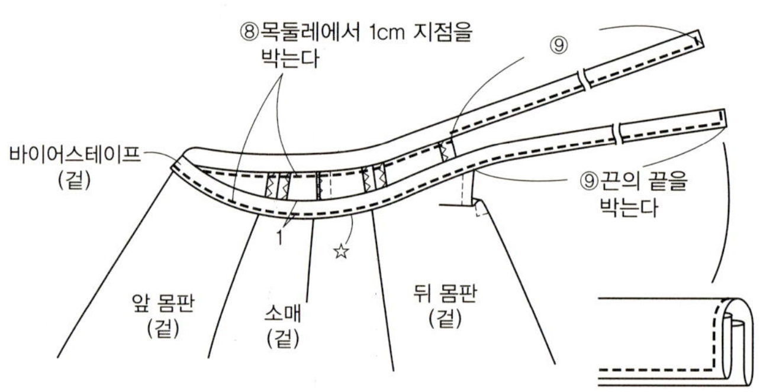

6. 소매 밑, 옆을 박는다

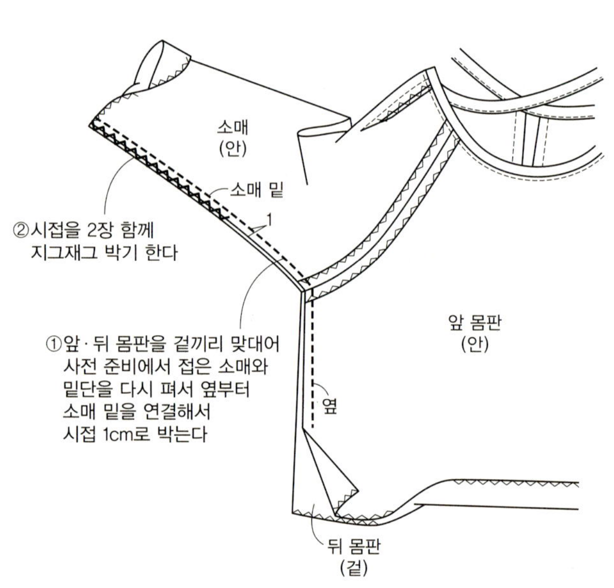

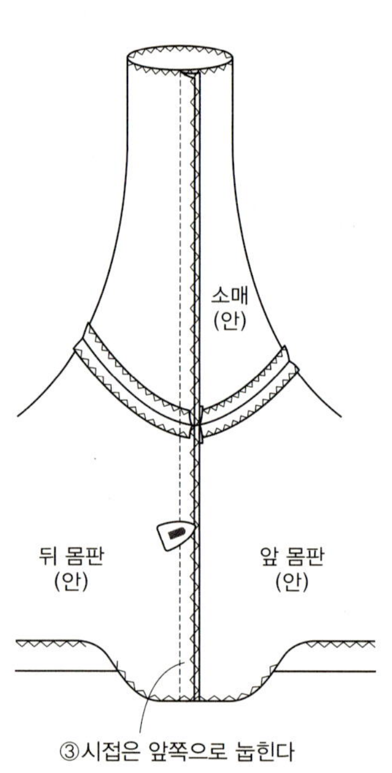

7. 소맷부리를 1번 접어 박는다

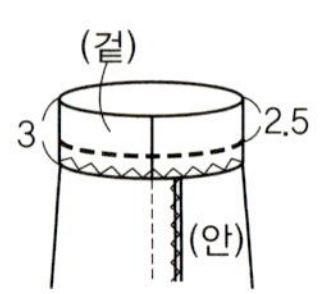

8. 밑단을 1번 접어 박는다

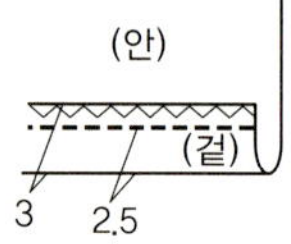

둥근 칼라 반소매 블라우스 Photo P32

둥근 칼라 7부 소매 블라우스 Photo P27

재료 •왼쪽부터 S/ M/ L/ LL

〈둥근 칼라 반소매 블라우스〉

- 목면…112cm 폭×180cm
- 3cm 폭의 납작 고무줄…
  98/ 100/ 104/ 108cm
- 접착심지…55×35cm

〈둥근 칼라 7부 소매 블라우스〉

- 리넨 레이온 새틴…
  116cm 폭×210cm
- 3cm 폭의 납작 고무줄…98/ 100/ 104/ 108cm
- 접착심지…55×35cm

실물 대형 옷본

C면 [10] [11]

1-앞 몸판 2-뒤 몸판 3-소매 4-칼라
5-앞 안단 6-뒤 안단

완성 사이즈 •왼쪽부터 S/ M/ L/ LL

가슴둘레 = 96/ 99/ 103/ 109cm
옷 길이 = 60.5/ 62.5/ 64.5/ 66.5cm

재단 배치도

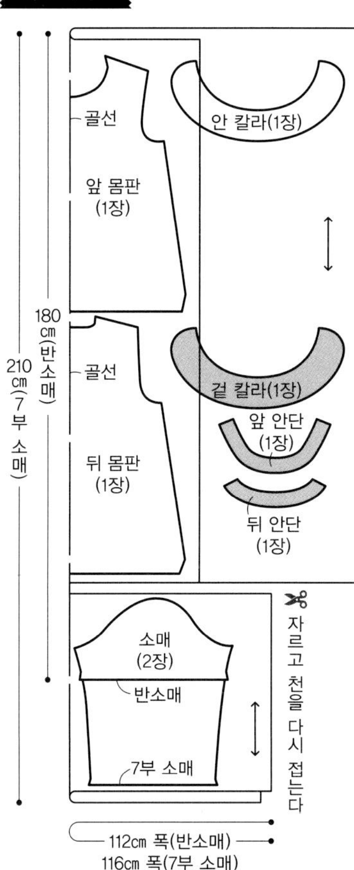

※ ▭는 접착심지. 겉 칼라, 앞·뒤 안단은 접착심지를 붙이고서 자른다

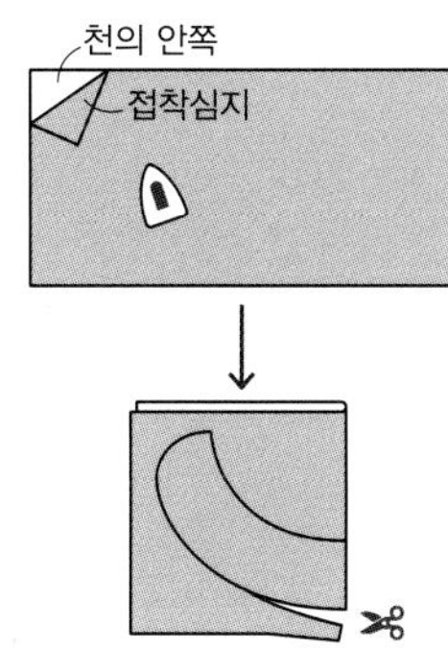

바느질 순서

1. 재단 배치도를 참조해서 천을 자르고 사전 준비를 한다

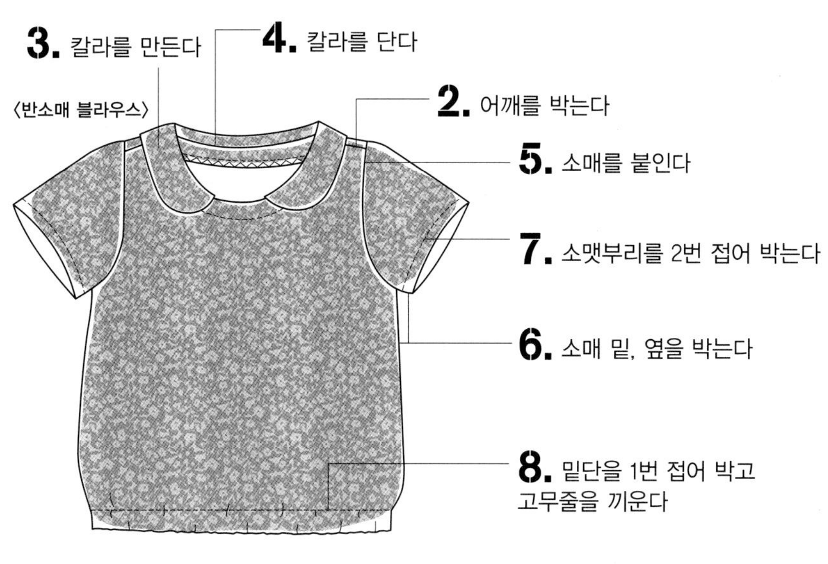

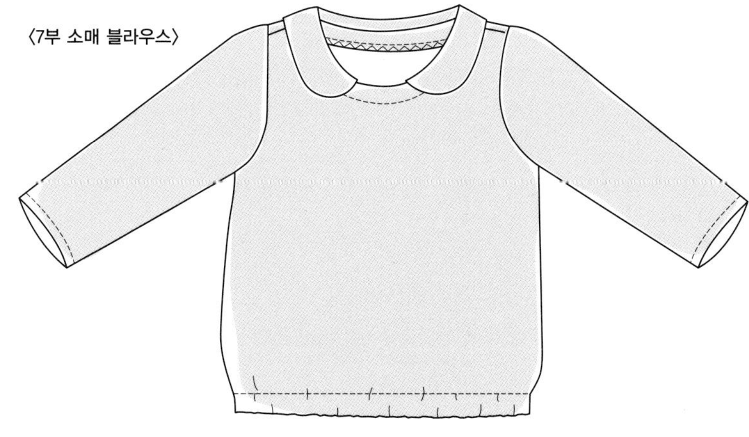

사전 준비 •단위는 cm

•앞·뒤 몸판의 밑단에 지그재그 박기를 하고 4.5cm 폭으로 1번 접는다

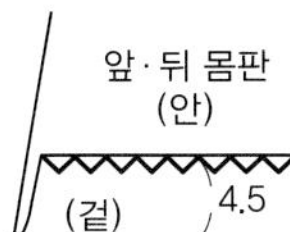

•소맷부리를 1cm 폭으로 2번 접는다

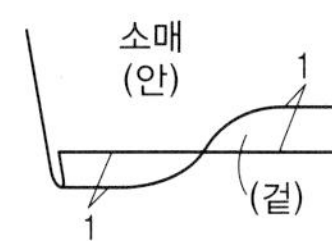

만드는 법 •단위는 cm

2. 어깨를 박는다

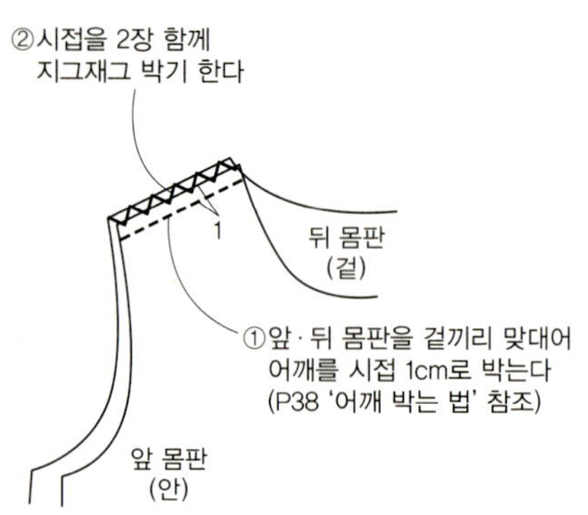

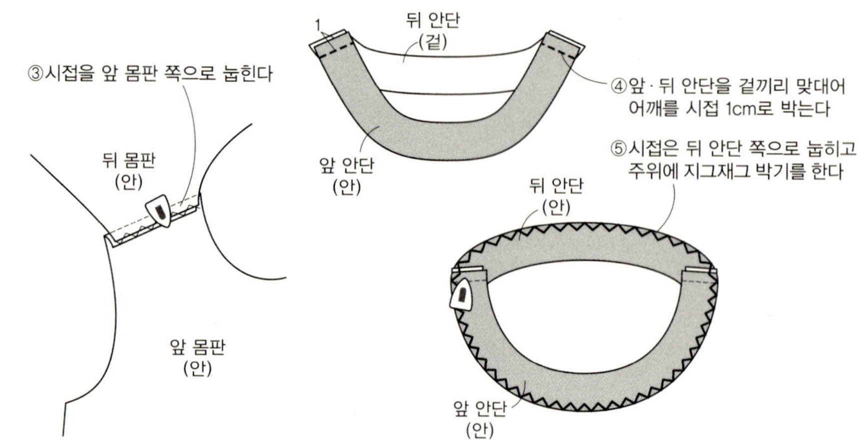

3. 칼라를 만든다

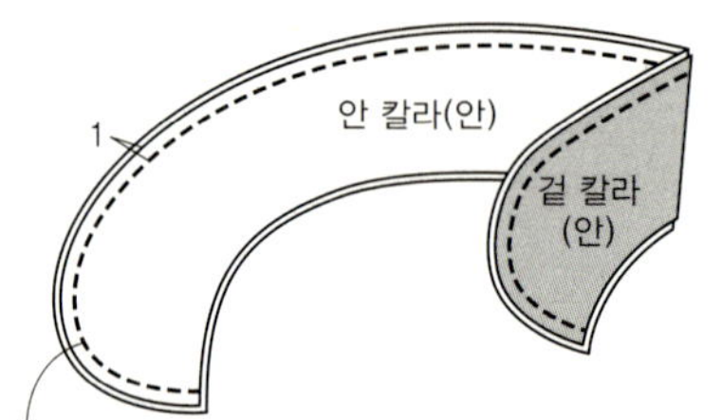

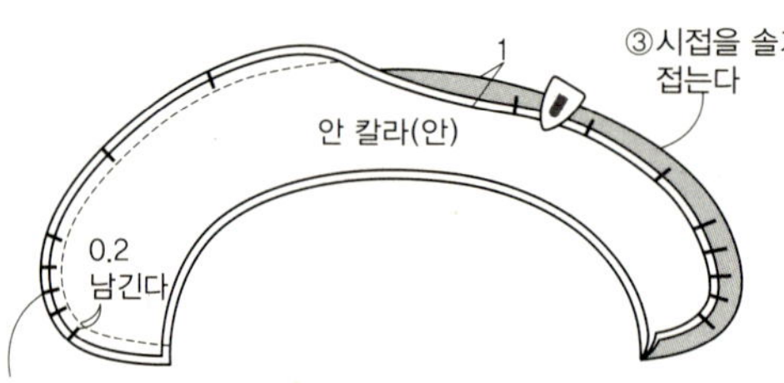

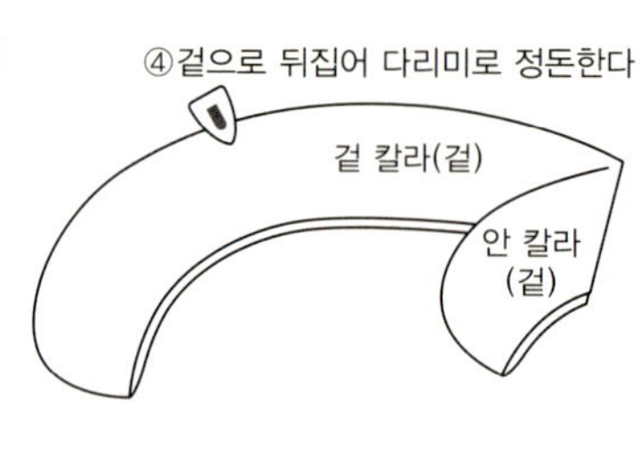

4. 칼라를 단다

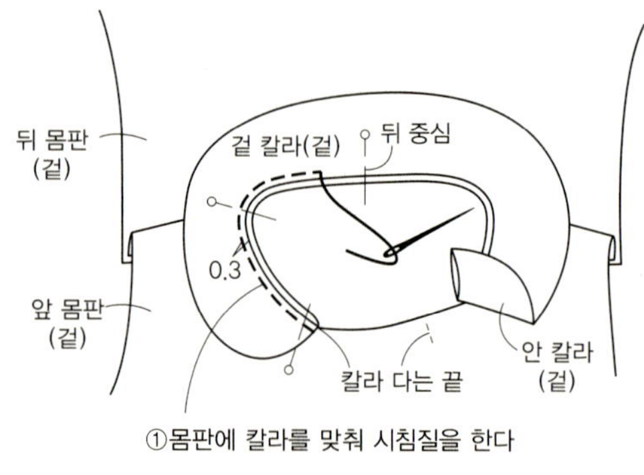

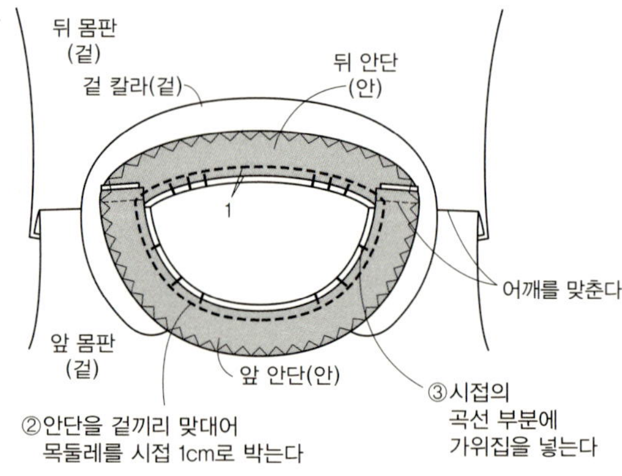

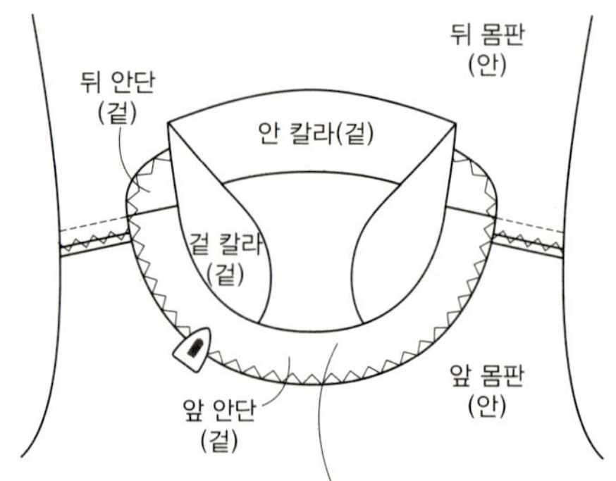

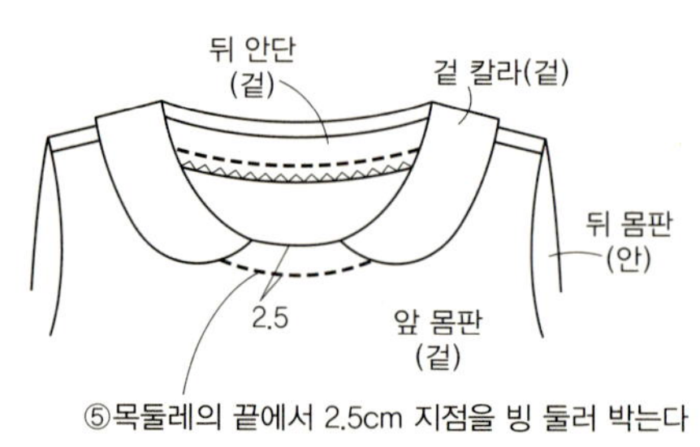

5. 소매를 붙인다

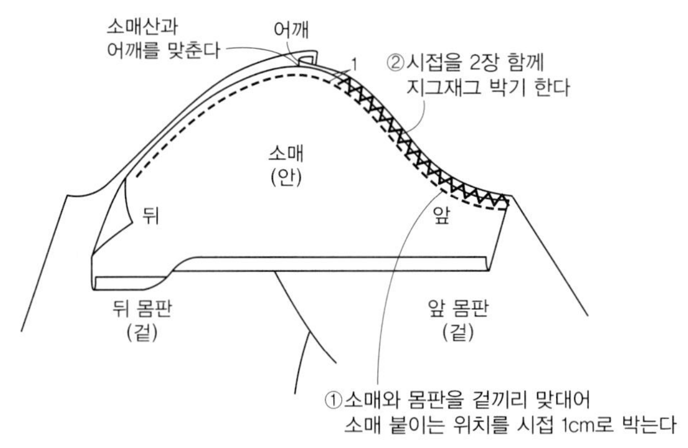

6. 소매 밑, 옆을 박는다

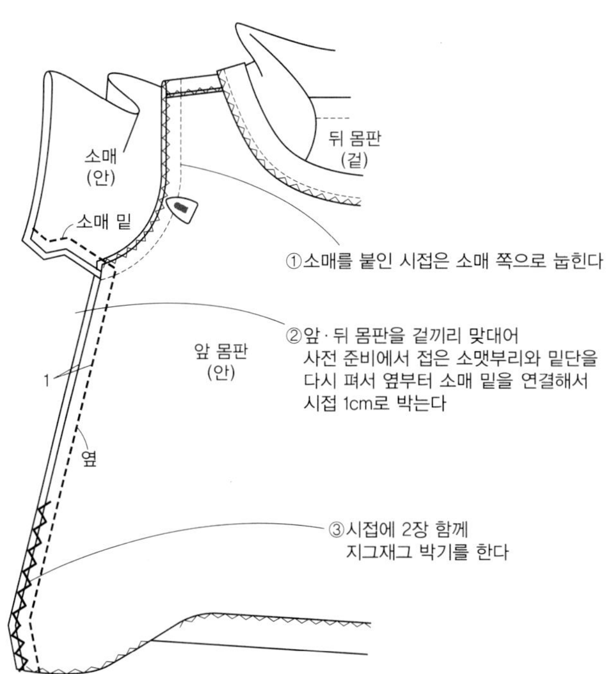

7. 소맷부리를 2번 접어 박는다

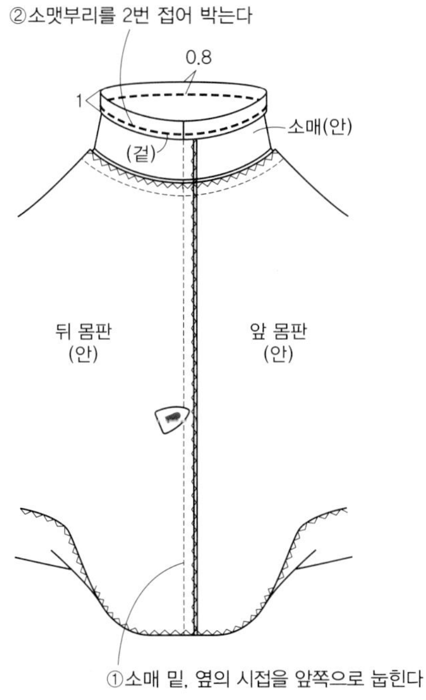

8. 밑단을 1번 접어 박고 고무줄을 끼운다

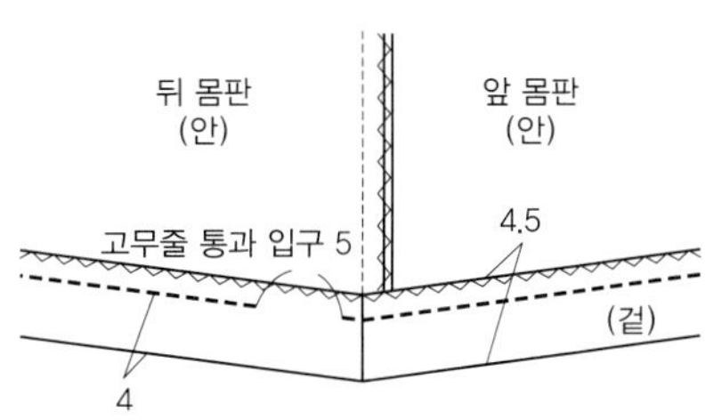

①고무줄 통과 입구를 남기고 밑단을 박는다

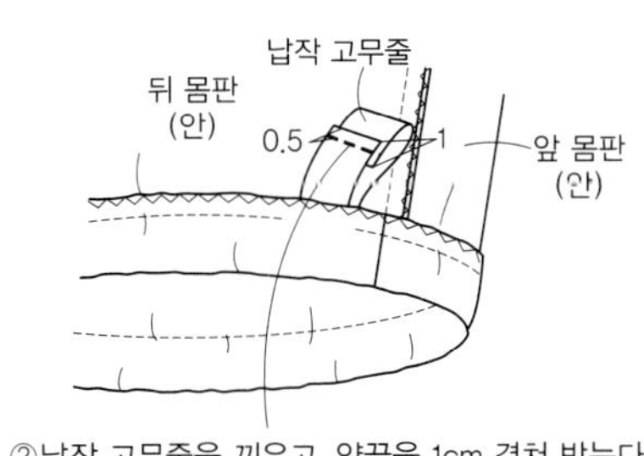

②납작 고무줄을 끼우고, 양끝을 1cm 겹쳐 박는다

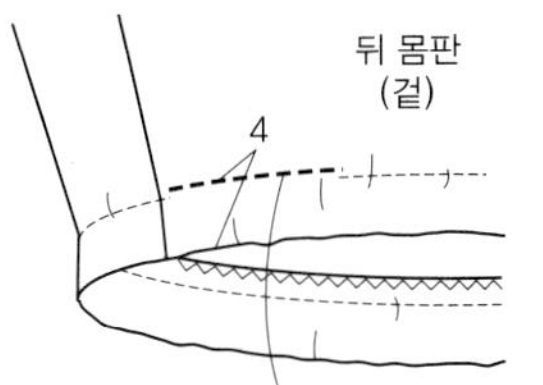

③고무줄 통과 입구를 겉에서 박아 막는다

나풀나풀 턱 스커트 Photo P10, 11

재료 •왼쪽부터 S/ M/ L/ LL •기본은 P10. [ ] 안은 P11. 지정된 것 이외는 공통

- 울 폴리우레탄 자카드 [리넨]…
  144cm [148cm] 폭×150/ 150/ 160/ 160cm
- 3cm 폭의 납작 고무줄…31/ 32/ 33/ 34cm
- 접착심지…4×38/ 40/ 42/ 44cm

완성 사이즈

옷 길이＝63/ 64/ 66/ 66cm

재단 배치도 •단위는 cm •왼쪽 또는 위부터 S/ M/ L/ LL

※천에 직접 선을 그려서 자른다

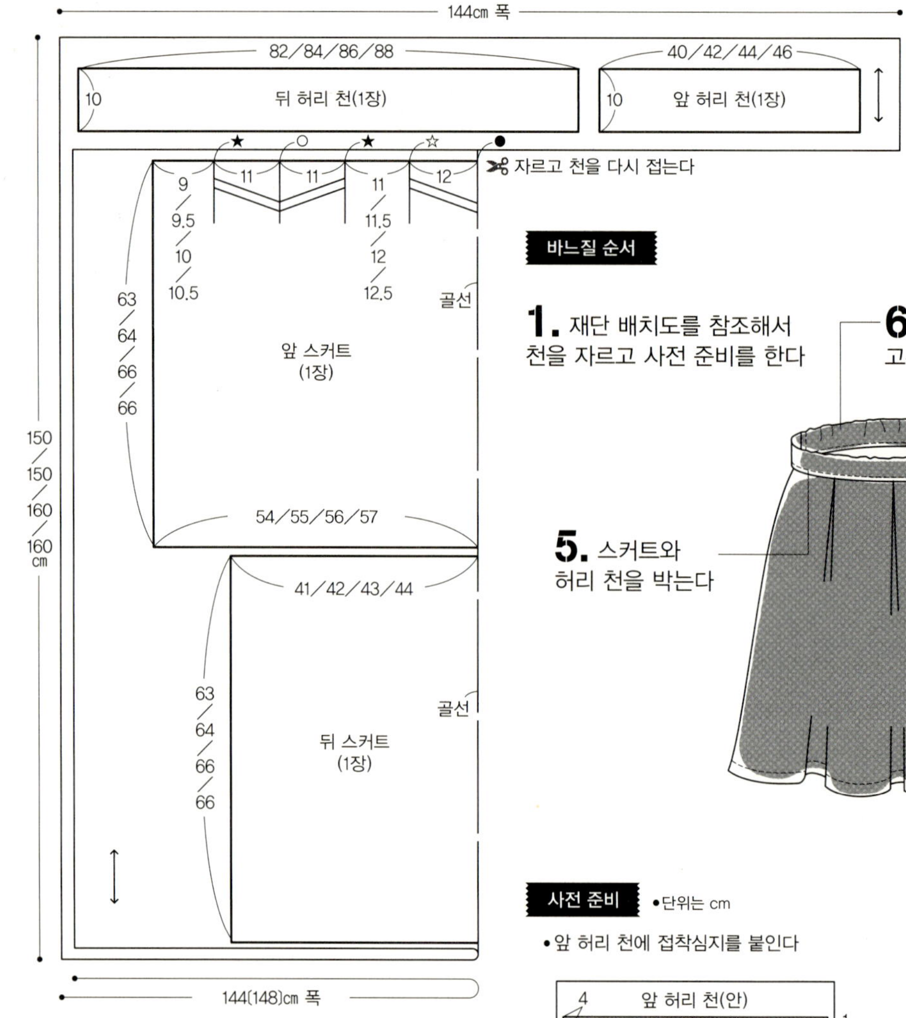

144cm 폭
82/84/86/88
10
뒤 허리 천(1장)
40/42/44/46
10
앞 허리 천(1장)
★ ○ ★ ☆ ●
9/9.5/10/10.5
11 11
11/11.5/12/12.5
12
자르고 천을 다시 접는다
골선
63/64/66/66
앞 스커트 (1장)
150/150/160/160cm
54/55/56/57
41/42/43/44
63/64/66/66
골선
뒤 스커트 (1장)
144(148)cm 폭

바느질 순서

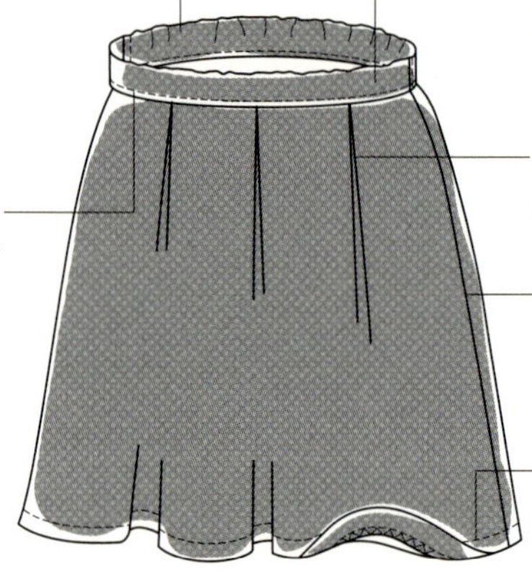

1. 재단 배치도를 참조해서 천을 자르고 사전 준비를 한다

2. 앞·뒤 허리 천을 박는다

3. 앞 스커트의 턱을 접는다

4. 옆을 박는다

5. 스커트와 허리 천을 박는다

6. 뒤 허리 천에 고무줄을 끼운다

7. 밑단을 1번 접어 박는다

사전 준비 •단위는 cm

•앞 허리 천에 접착심지를 붙인다

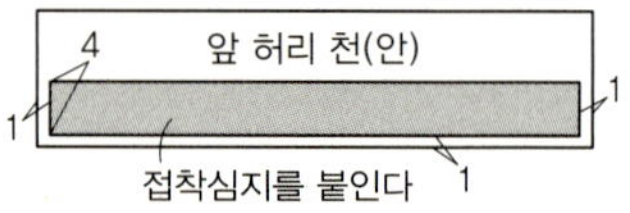

앞 허리 천(안)
4
1
1
1
접착심지를 붙인다

•앞·뒤 스커트의 밑단에 지그재그 박기를 하고, 3cm 폭으로 1번 접는다

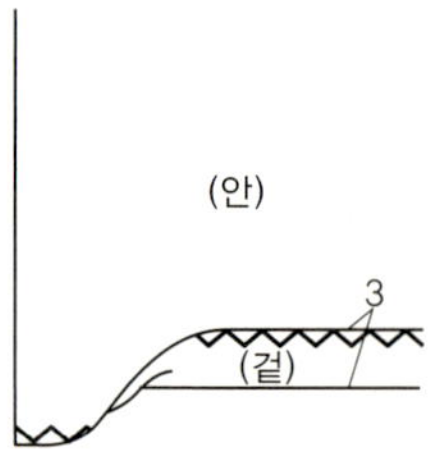

(안)
3
(겉)

만드는 법 •단위는 cm

2. 앞·뒤 허리 천을 박는다

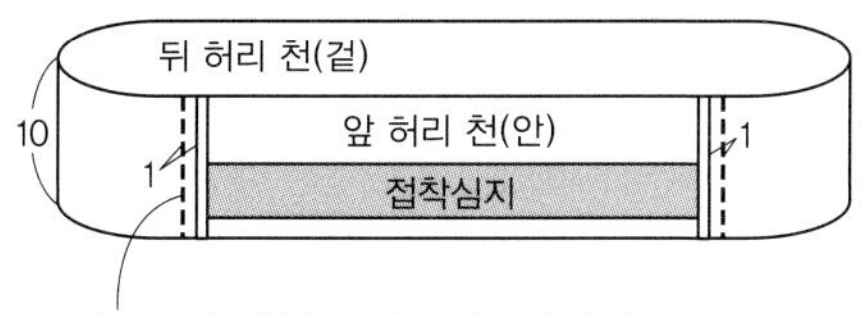

①앞·뒤 허리 천을 겉끼리 맞대어 시접 1cm로 박고 시접은 앞 허리 천 쪽으로 눕힌다

3. 앞 스커트의 턱을 접는다

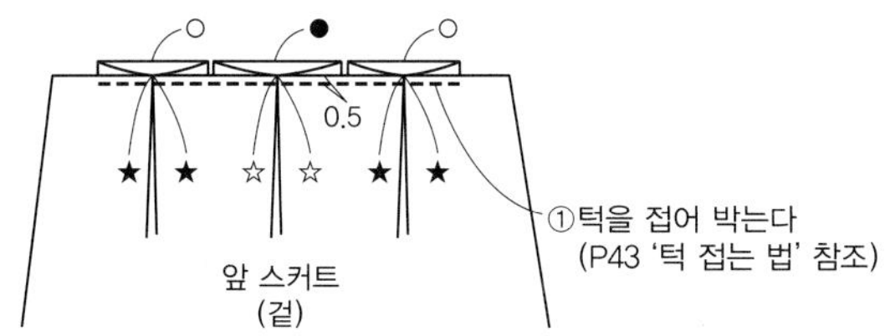

4. 옆을 박는다

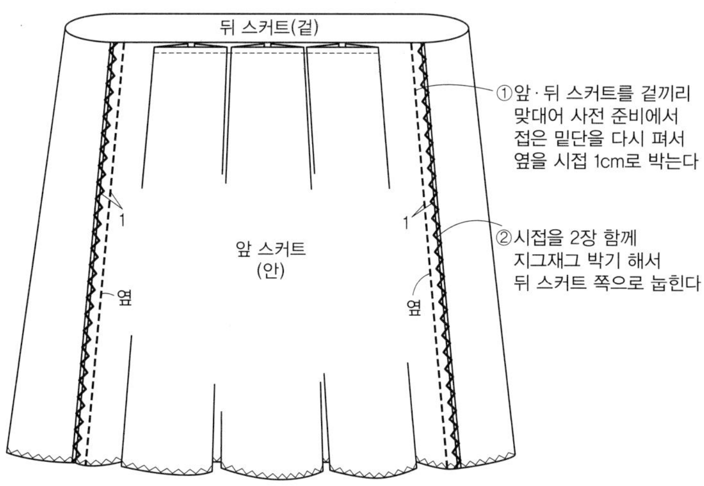

5. 스커트와 허리 천을 박는다

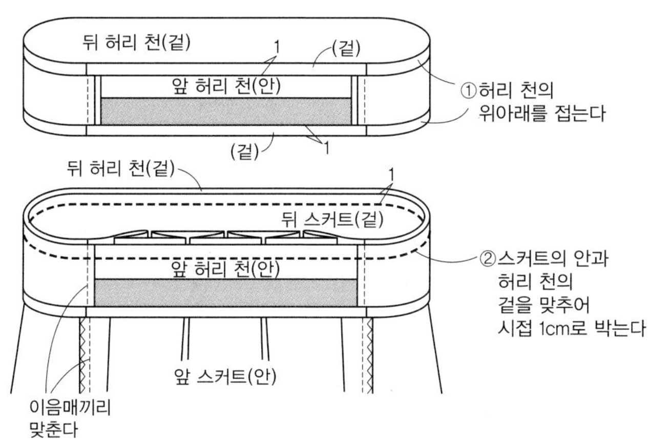

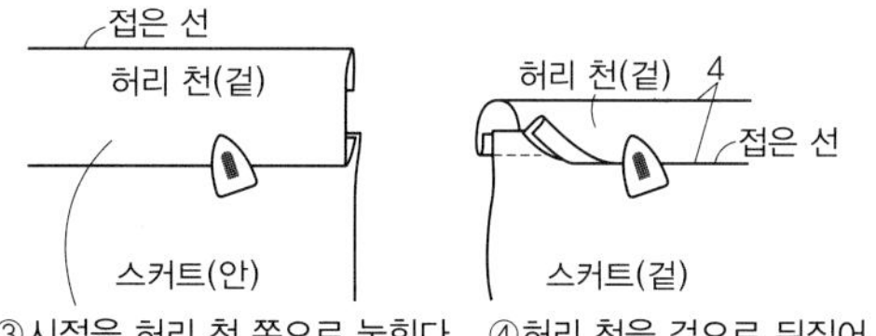

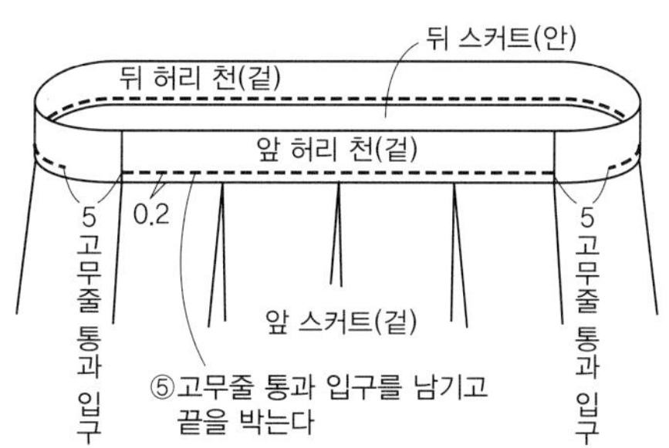

6. 뒤 허리 천에 고무줄을 끼운다

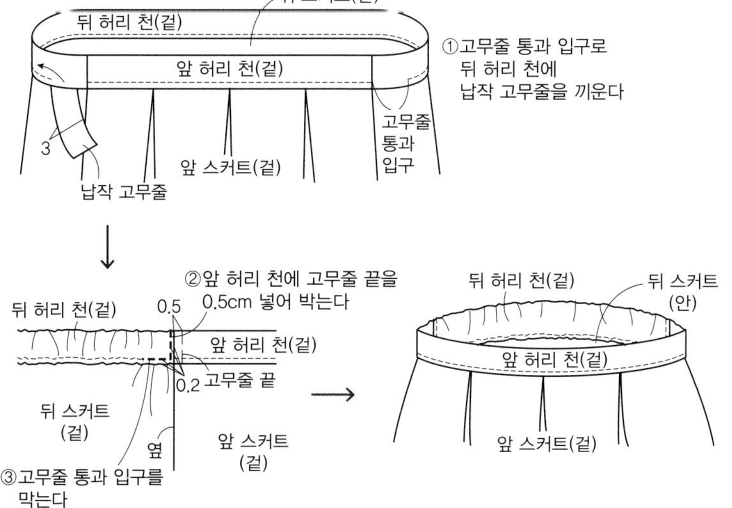

7. 밑단을 1번 접어 박는다

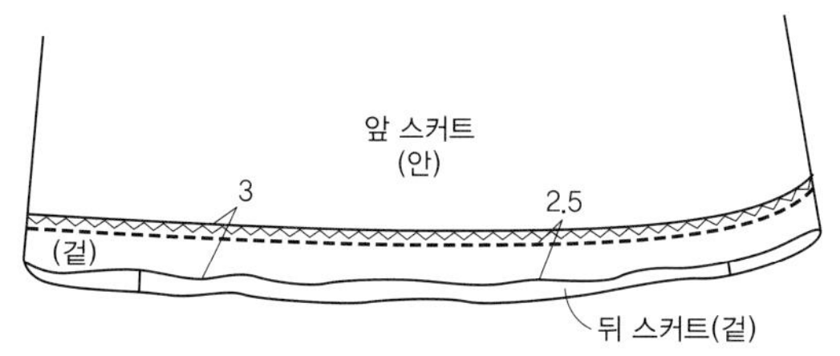

리본 달린 와이드팬츠 Photo P6, 27

재료 •왼쪽부터 S/ M/ L/ LL •기본은 P6. [ ] 안은 P27. 지정된 것 이외는 공통

- 코튼 웨더 [울 압축 니트]…115cm [140cm] 폭×240cm
- 3cm 폭의 납작 고무줄…67/ 70/ 73/ 76cm
- 접착심지…2×17.5cm(LL만 18) 2장

실물 대형 옷본

B면 [7]
1-앞 팬츠 2-뒤 팬츠

완성 사이즈 •왼쪽부터 S/ M/ L/ LL

팬츠 길이 =86/ 86.5/ 89/ 89.5cm

재단 배치도 •단위는 cm •위부터 S/ M/ L/ LL

※포켓, 리본, 벨트 고리는 천에 직접 선을 그려서 자른다

3
7.5 7.5
17.5 (LL만 18)
19.5 (LL만 20)
포켓(2장)
벨트 고리 (2장) 2 10
240 cm
109/ 111/ 113/ 115
리본(1장)
앞 팬츠 (2장)
뒤 팬츠 (2장)
15
골선
115(140)cm 폭

사전 준비 •단위는 cm

(안)
(겉)
5

•앞·뒤 팬츠의 밑단에 지그재그 박기를 하고 5cm 폭으로 1번 접는다

바느질 순서

1. 재단 배치도를 참조해서 천을 자르고 사전 준비를 한다

2. 리본을 만든다

앞 / 뒤

3. 포켓을 단다

4. 밑아래, 옆을 박는다

5. 밑위를 박는다

6. 허리를 1번 접어 박고 고무줄을 끼운다

7. 양옆에 벨트 고리를 단다

8. 밑단을 1번 접어 박는다

만드는 법 •단위는 cm

2. 리본을 만든다

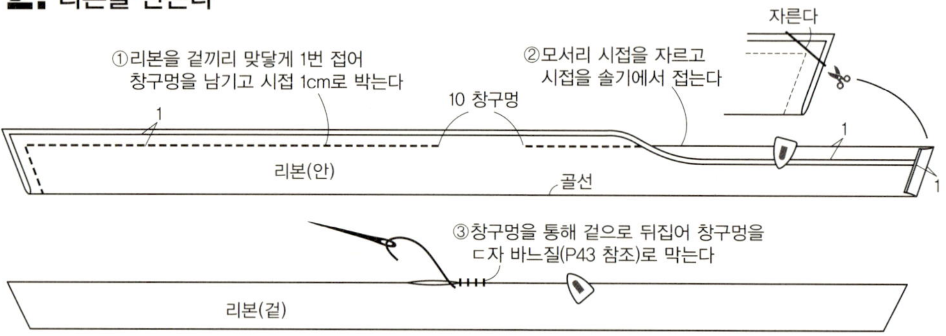

3. 포켓을 단다

①포켓 입구의 위 끝에 접착심지를 붙인다. 위 끝에 지그재그 박기를 해서 2cm로 1번 접는다

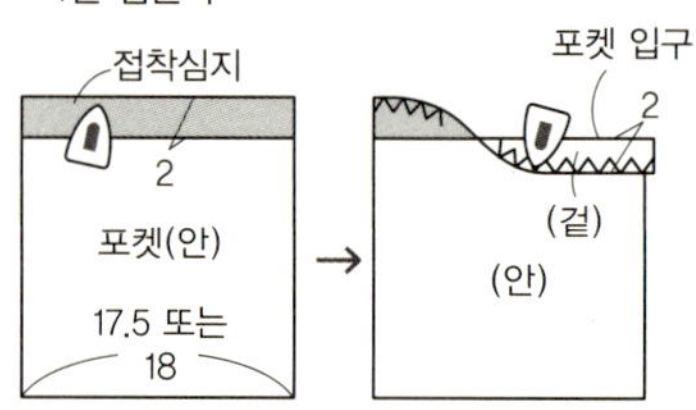

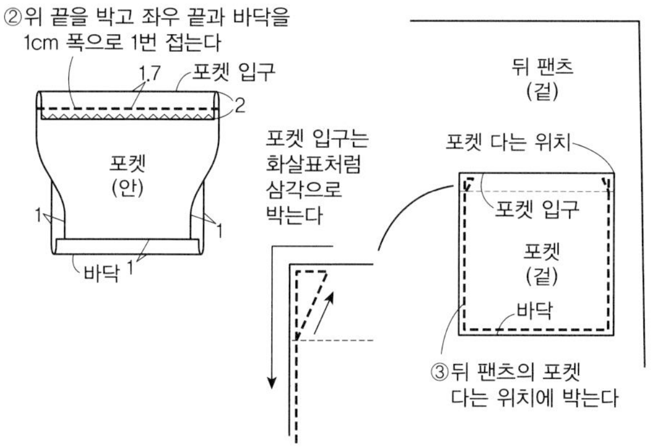

②위 끝을 박고 좌우 끝과 바닥을
1cm 폭으로 1번 접는다
1.7
포켓 입구
2
포켓
(안)
1
1
바닥 1
포켓 입구는
화살표처럼
삼각으로
박는다
뒤 팬츠
(겉)
포켓 다는 위치
포켓 입구
포켓
(겉)
바닥
③뒤 팬츠의 포켓
다는 위치에 박는다

4. 밑아래, 옆을 박는다

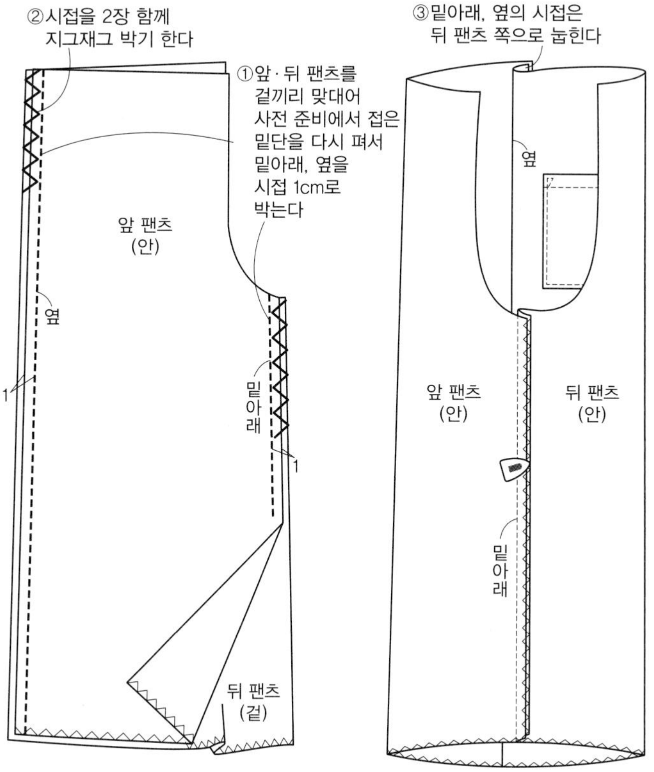

②시접을 2장 함께
지그재그 박기 한다
①앞 · 뒤 팬츠를
겉끼리 맞대어
사전 준비에서 접은
밑단을 다시 펴서
밑아래, 옆을
시접 1cm로
박는다
앞 팬츠
(안)
옆
1
밑
아
래
1
뒤 팬츠
(겉)
③밑아래, 옆의 시접은
뒤 팬츠 쪽으로 눕힌다
옆
앞 팬츠
(안)
뒤 팬츠
(안)
밑
아
래

5. 밑위를 박는다

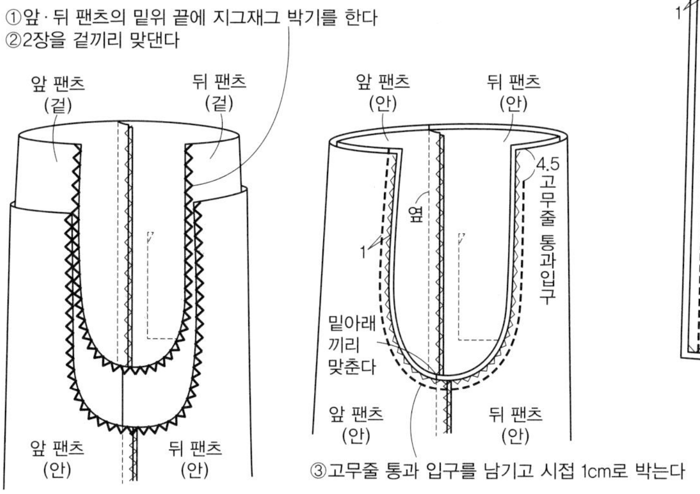

①앞 · 뒤 팬츠의 밑위 끝에 지그재그 박기를 한다
②2장을 겉끼리 맞댄다
앞 팬츠
(겉)
뒤 팬츠
(겉)
앞 팬츠
(안)
뒤 팬츠
(안)
앞 팬츠
(안)
뒤 팬츠
(안)
옆
4.5
고무줄 통과 입구
1
밑아래
끼리
맞춘다
앞 팬츠
(안)
뒤 팬츠
(안)
③고무줄 통과 입구를 남기고 시접 1cm로 박는다

6. 허리를 1번 접어 박고 고무줄을 끼운다

②허리 끝에 지그재그 박기를 한다
앞 팬츠
(겉)
앞 팬츠
(겉)
뒤 팬츠
(안)
고무줄 통과 입구
뒤 팬츠
(안)
①밑위의 시접을 가른다
0.8
4.5
③고무줄 통과 입구의
양쪽을 ㄷ자로 박는다
④허리를 1번 접어 박는다
4
4.5
뒤 팬츠
(안)
뒤 팬츠
(안)
⑤고무줄 통과 입구로 납작 고무줄을
끼우고 양끝을 1cm 겹쳐 박는다
0.5
납작 고무줄
1

7. 양옆에 벨트 고리를 단다

(겉)
0.5
0.5
벨트 고리
(안)
2
①0.5cm씩 접는다
(겉)
0.2
②다시 1번 접어
끝을 박는다
1
1
③위아래를 1cm
안쪽으로 접는다
접은 선
1
0.5
앞 팬츠
(겉)
뒤 팬츠
(겉)
옆
④한쪽의 접은 선을 펴고 접은 선을
허리 위 끝에 맞춰, 0.5cm
아래를 되돌아박기 한다
접은 선
0.5
0.5
접은 선
⑤벨트 고리를 꺾고,
접은 선에서 0.5cm 지점을
각각 되돌아박기 한다

8. 밑단을 1번 접어 박는다

앞 팬츠
(안)
뒤 팬츠
(안)
(겉)
5
4.5

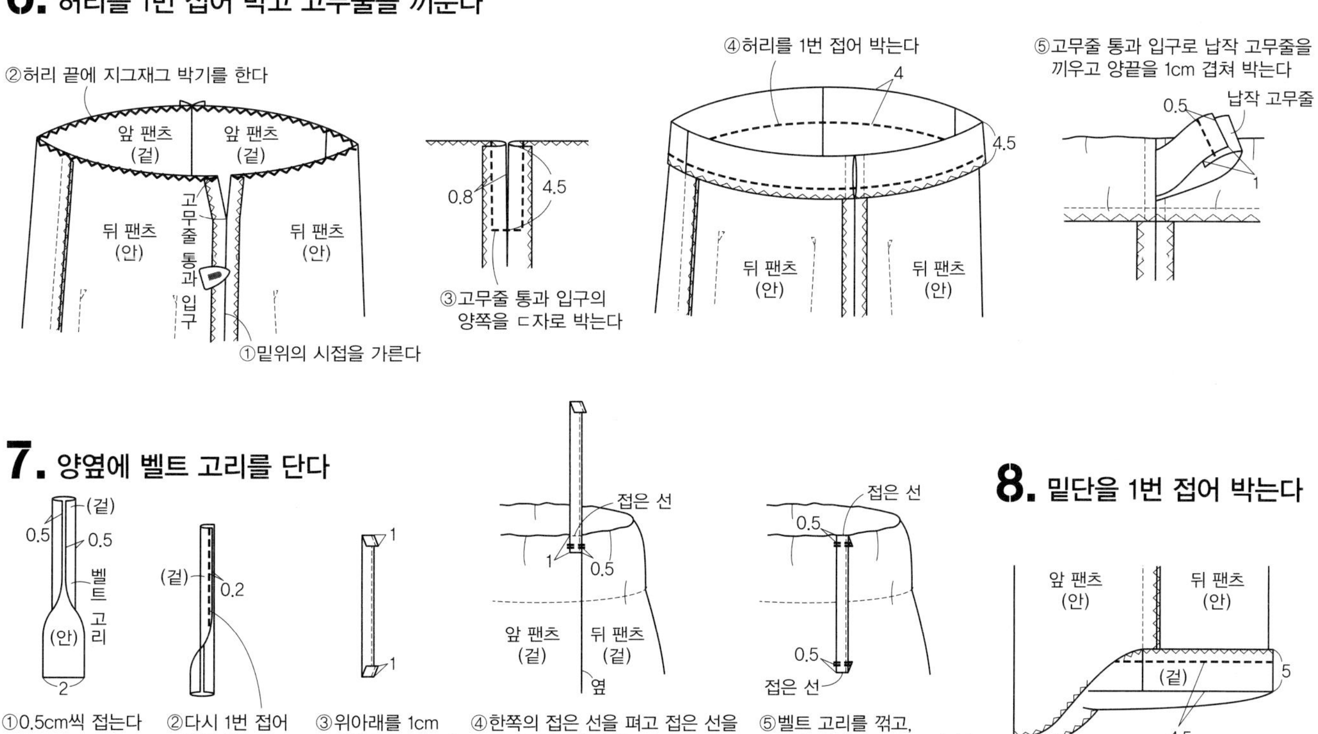

풍성한 와이드팬츠 Photo P22, 32

재료 •왼쪽부터 S/ M/ L/ LL •기본은 P32. [ ] 안은 P22. 지정된 것 이외는 공통

- 코튼 리넨 덩거리 [코튼 히코리]…148cm [111cm] 폭×230cm [250cm]
- 3cm 폭의 납작 고무줄…67/ 70/ 73/ 76cm
- 접착심지…1.5×16.5cm 2장

실물 대형 옷본

C면 [12]
1-앞 팬츠 2-뒤 팬츠 3-포켓 천

완성 사이즈 •왼쪽부터 S/ M/ L/ LL

팬츠 길이＝94.5/ 95/ 97.5/ 98cm

재단 배치도

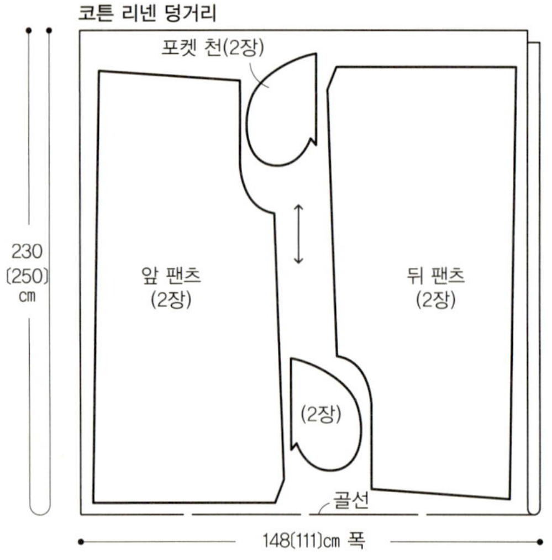

사전 준비 •단위는 cm

•앞 팬츠의 포켓 입구에 접착심지를 붙인다

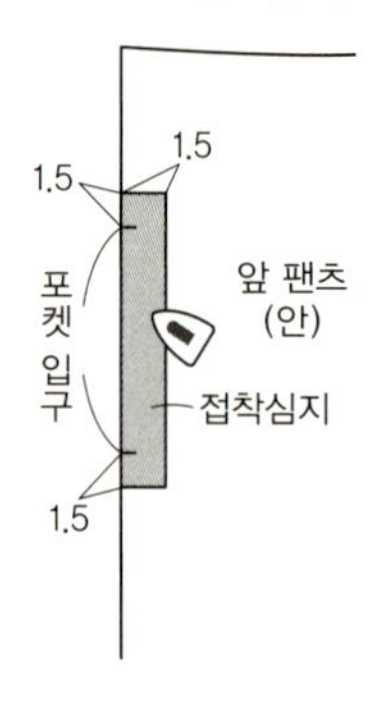

•포켓 천의 포켓 입구, 앞·뒤 팬츠의 옆과 밑단에 지그재그 박기를 한다

포켓 천

옆

(안)

•앞·뒤 팬츠의 밑단을 5cm 폭으로 1번 접는다

5

(겉)

바느질 순서

1. 재단 배치도를 참조해서 천을 자르고 사전 준비를 한다

5. 허리를 1번 접어 박고 고무줄을 끼운다

2. 포켓 천을 달고 옆을 박는다

4. 밑위를 박는다

3. 밑아래를 박는다

6. 밑단을 1번 접어 박는다

만드는 법 •단위는 cm

2. 포켓 천을 달고 옆을 박는다

①포켓 천과 팬츠를 겉끼리 맞대어 포켓 입구를 시접 1.4cm로 박는다

포켓 입구

1.4

포켓 천
(안)

앞 팬츠
(겉)

뒤 팬츠
(겉)

여분을 자른다

앞 팬츠
(겉)

포켓 천
(겉)

②포켓 천을 옆쪽으로 눕힌다
※뒤 팬츠도 같은 방법으로 한다

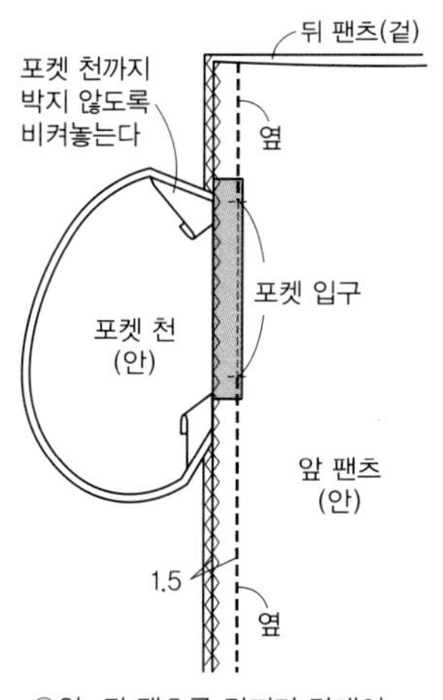

③앞·뒤 팬츠를 겉끼리 맞대어 포켓 입구를 남기고 옆을 시접 1.5cm로 박는다

포켓 입구
1
포켓 천 (겉)
포켓 천 (겉)
뒤 팬츠 (안)
앞 팬츠 (안)
④시접을 가른다
⑤앞 팬츠의 포켓 입구 옆을 시접 1cm로 박는다

앞 팬츠(겉)
⑥포켓 천을 겉끼리 맞대어 주위를 시접 1cm로 박는다
1
포켓 천 (안)
뒤 팬츠 (안)
⑦시접을 2장 함께 지그재그 박기 한다

포켓 입구
앞 팬츠 (겉)
뒤 팬츠 (겉)
⑧포켓 천을 앞쪽으로 눕혀 겉에서 되돌아박기로 고정한다

3. 밑아래를 박는다

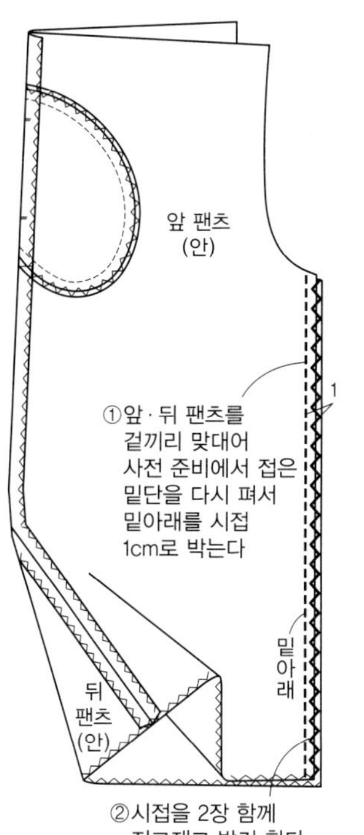

①앞·뒤 팬츠를 겉끼리 맞대어 사전 준비에서 접은 밑단을 다시 펴서 밑아래를 시접 1cm로 박는다

②시접을 2장 함께 지그재그 박기 한다

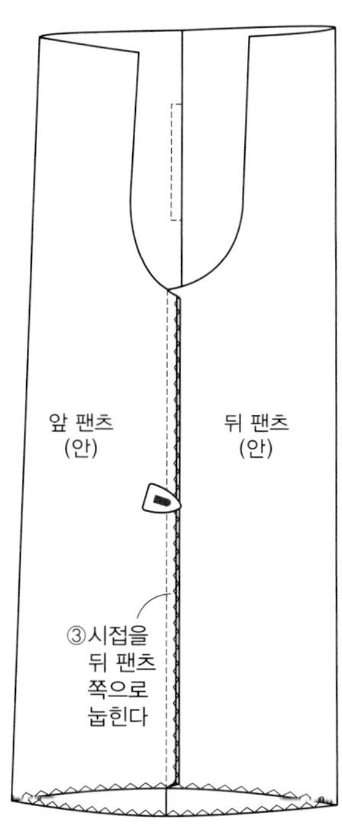

③시접을 뒤 팬츠 쪽으로 눕힌다

4. 밑위를 박는다

①앞·뒤 팬츠의 밑위 끝에 지그재그 박기를 한다
②2장을 겉끼리 맞댄다

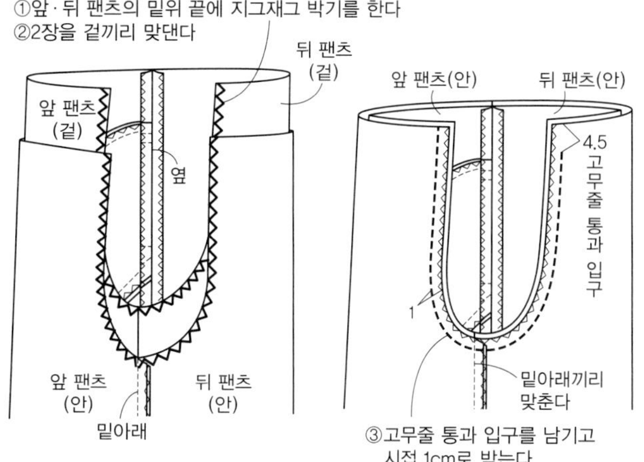

③고무줄 통과 입구를 남기고 시접 1cm로 박는다

5. 허리를 1번 접어 박고 고무줄을 끼운다

②허리의 시접 끝에 지그재그 박기를 한다

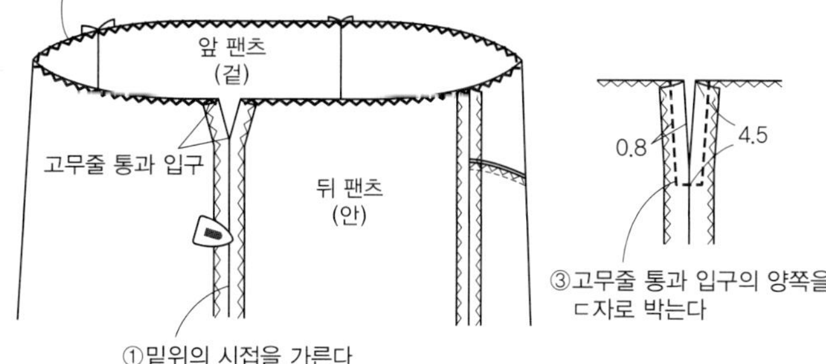

①밑위의 시접을 가른다

③고무줄 통과 입구의 양쪽을 ㄷ자로 박는다

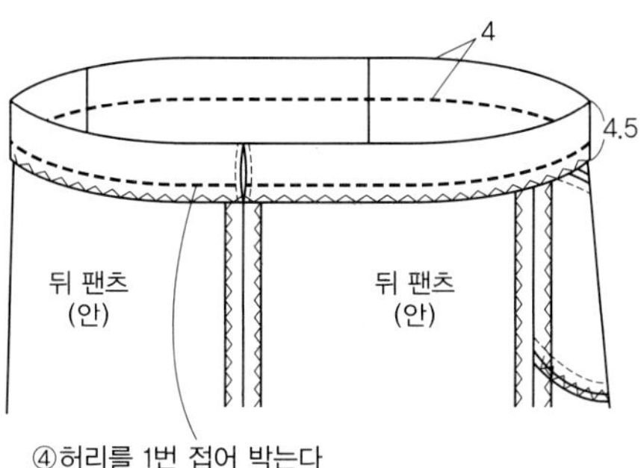

④허리를 1번 접어 박는다

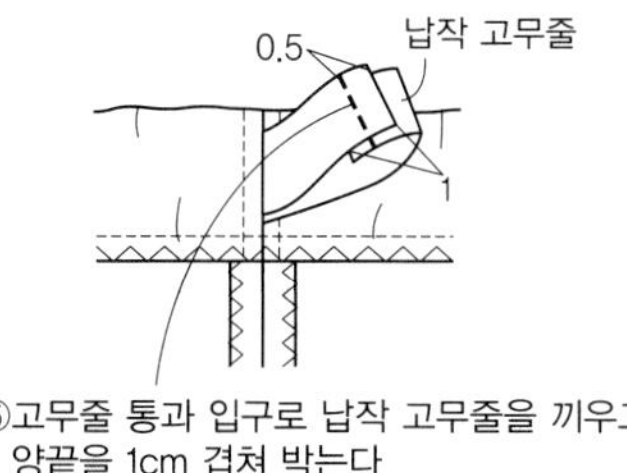

⑤고무줄 통과 입구로 납작 고무줄을 끼우고 양끝을 1cm 겹쳐 박는다

6. 밑단을 1번 접어 박는다

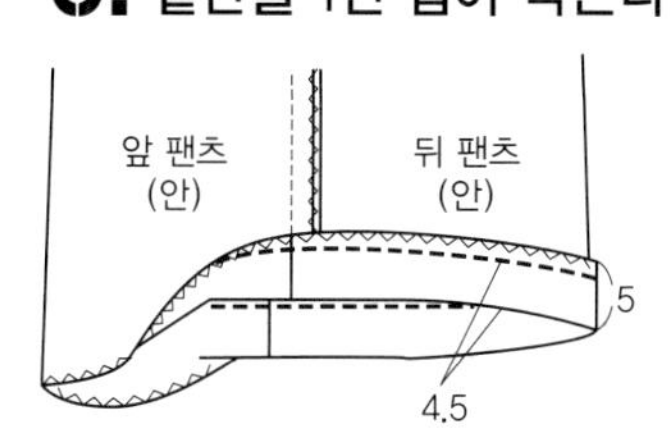

가운 코트 Photo P21

재료 •왼쪽부터 S/ M/ L/ LL

• 코튼 울 니트…174cm 폭×240/ 240/ 250/ 250cm

실물 대형 옷본

B면 [8]
1-앞 몸판 2-뒤 몸판

완성 사이즈 •왼쪽부터 S/ M/ L/ LL

옷 길이＝90/ 92/ 94/ 96cm

재단 배치도 •단위는 cm •위 또는 왼쪽부터 S/ M/ L/ LL

※커프스, 칼라는 천에 직접 선을 그려서 자른다

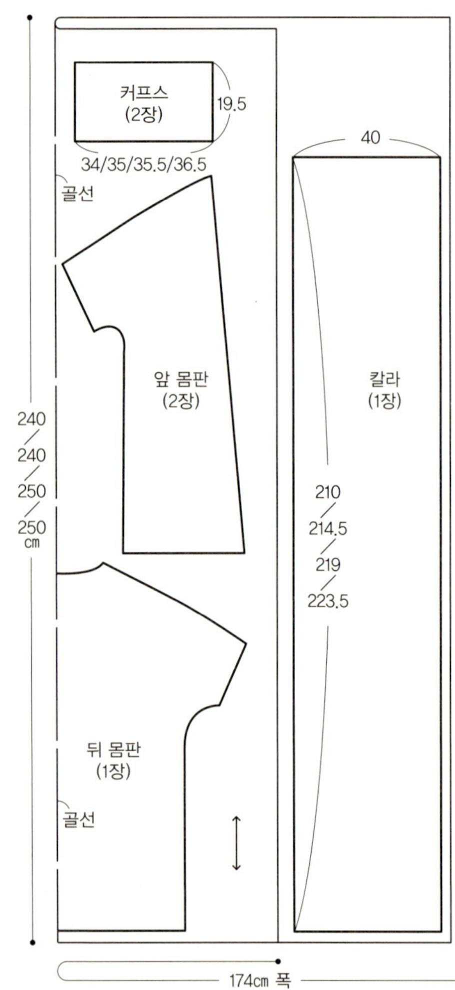

바느질 순서

1. 재단 배치도를 참조해서 천을 자른다

2. 커프스를 만든다

3. 칼라를 만든다

4. 어깨를 박는다

5. 옆을 박는다

6. 소맷부리에 커프스를 단다

7. 밑단을 1번 접어 박는다

8. 몸판에 칼라를 단다

만드는 법 •단위는 cm

2. 커프스를 만든다

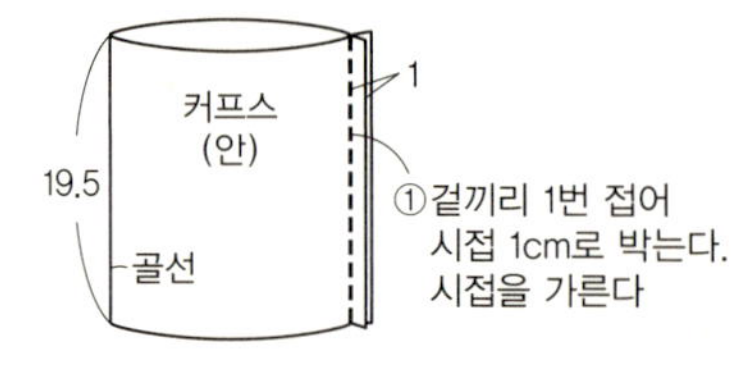

3. 칼라를 만든다

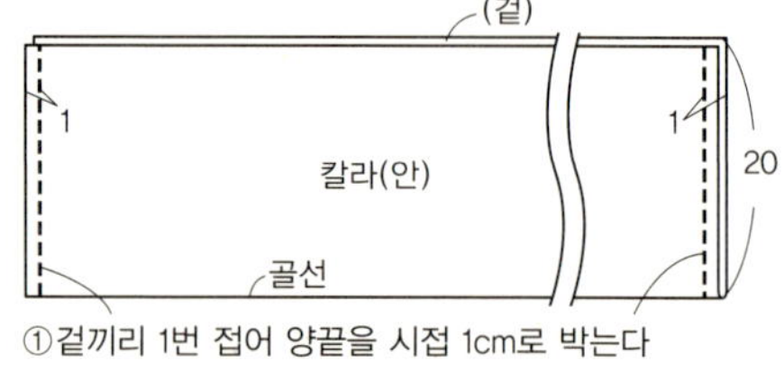

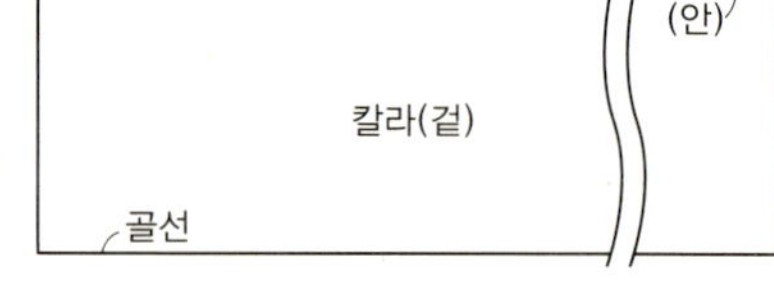

②겉으로 뒤집는다

4. 어깨를 박는다

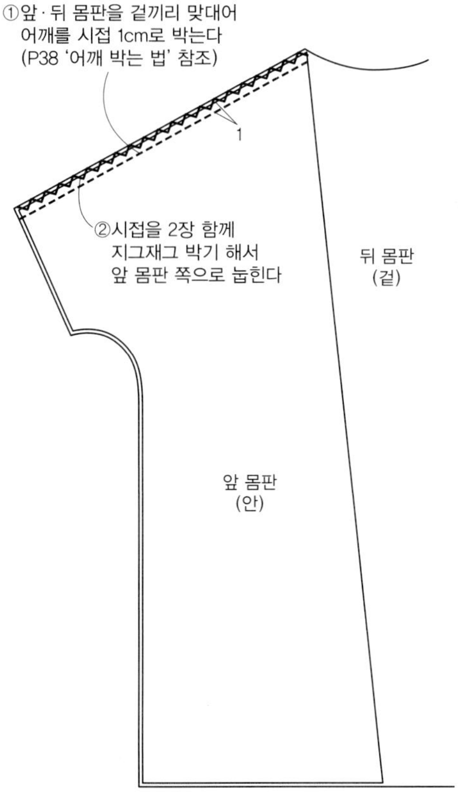

①앞·뒤 몸판을 겉끼리 맞대어
어깨를 시접 1cm로 박는다
(P38 '어깨 박는 법' 참조)
1
②시접을 2장 함께
지그재그 박기 해서
앞 몸판 쪽으로 눕힌다
뒤 몸판
(겉)
앞 몸판
(안)

5. 옆을 박는다

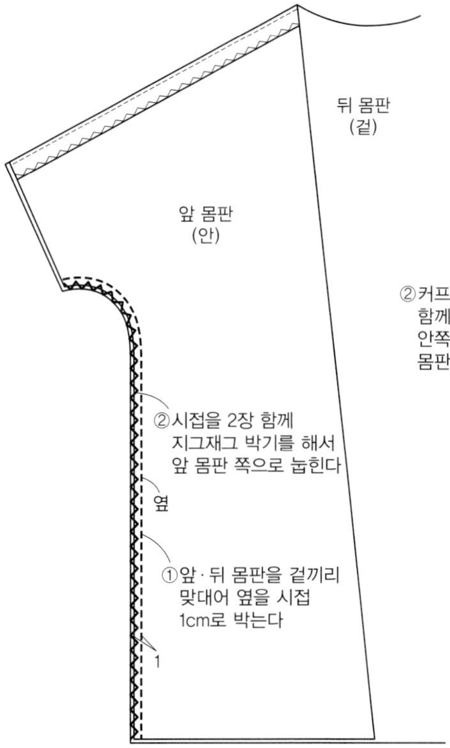

뒤 몸판
(겉)
앞 몸판
(안)
②시접을 2장 함께
지그재그 박기를 해서
앞 몸판 쪽으로 눕힌다
옆
①앞·뒤 몸판을 겉끼리
맞대어 옆을 시접
1cm로 박는다
1

6. 소맷부리에 커프스를 단다

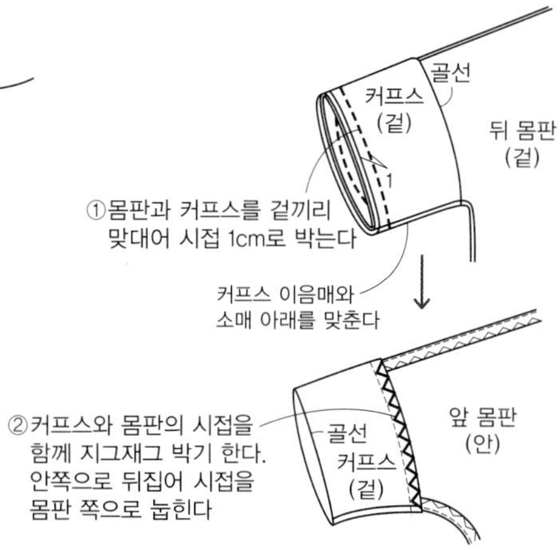

골선
커프스
(겉)
뒤 몸판
(겉)
1
①몸판과 커프스를 겉끼리
맞대어 시접 1cm로 박는다
커프스 이음매와
소매 아래를 맞춘다
②커프스와 몸판의 시접을
함께 지그재그 박기 한다.
안쪽으로 뒤집어 시접을
몸판 쪽으로 눕힌다
골선
커프스
(겉)
앞 몸판
(안)

7. 밑단을 1번 접어 박는다

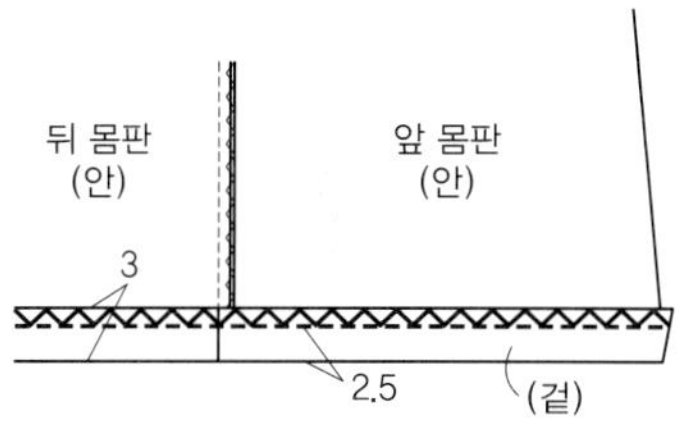

뒤 몸판
(안)
앞 몸판
(안)
3
2.5
(겉)

①밑단을 지그재그 박기 하고, 3cm 폭으로
1번 접어 박는다

8. 몸판에 칼라를 단다

뒤 몸판
(안)
골선
앞 몸판
(겉)
커프스
(겉)
칼라
(겉)
골선
앞 몸판
(겉)
칼라
(겉)
커프스
(겉)
①몸판과 칼라를 겉끼리 맞대어
시접 1cm로 박는다
②칼라와 몸판의 시접을 함께
지그재그 박기 한다
1
커프스
(겉)
앞 몸판
(겉)
뒤 몸판
(안)
칼라
(겉)
③시접을 몸판 쪽으로 눕히고
칼라를 1번 접는다
골선

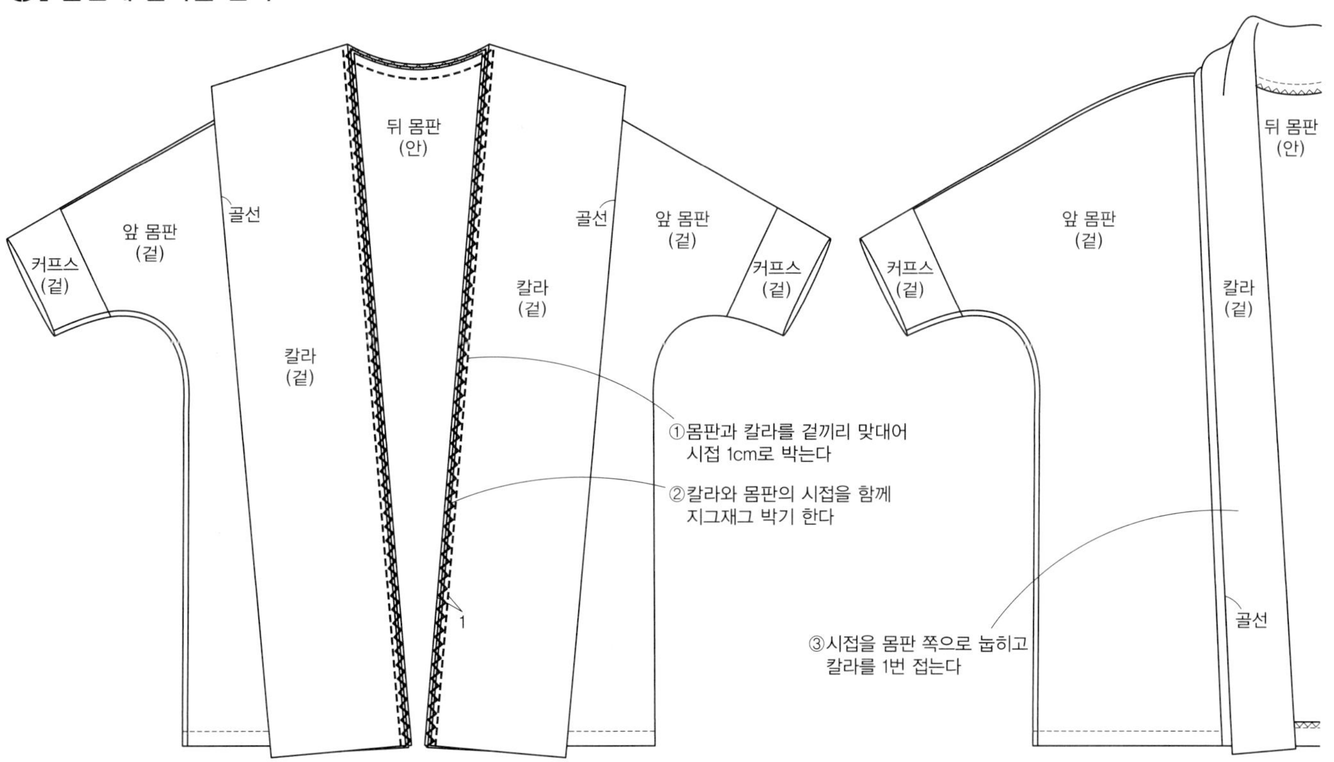

둥근 바닥 리본 백 Photo P20

재료

- 리넨(검은색)…138cm 폭×40cm
- 리넨(노란색)…114cm 폭×40cm
- 코튼(깅엄체크)…115cm 폭×60cm
- 퀼트 솜(아주 두꺼운)…100cm 폭×30cm
- 0.5mm 두께의 플라스틱판…20cm×20cm

실물 대형 옷본

A면 [2]
1-바깥 바닥 2-속 바닥

완성 사이즈

지름 17.5cm×높이 27cm(손잡이 제외)

재단 배치도 •단위는 cm

※옆면, 손잡이는 천에 직접 선을 그려서 자른다

겉감…리넨(검은색) 안감…리넨(노란색)

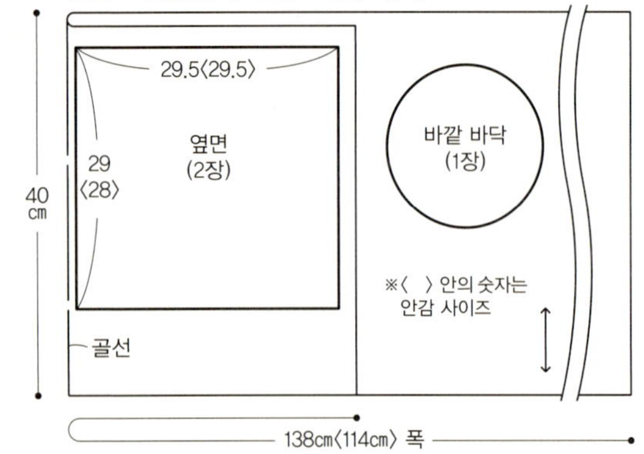

29.5〈29.5〉
옆면 (2장)
29 〈28〉
40 cm
바깥 바닥 (1장)
※〈 〉 안의 숫자는 안감 사이즈
골선
138cm〈114cm〉 폭

퀼트 솜

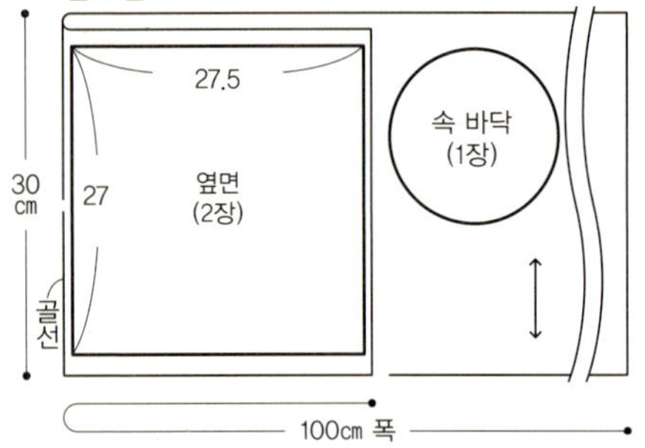

27.5
옆면 (2장)
27
30 cm
속 바닥 (1장)
골선
100cm 폭

플라스틱판

속 바닥 (1장)

코튼(깅엄체크)

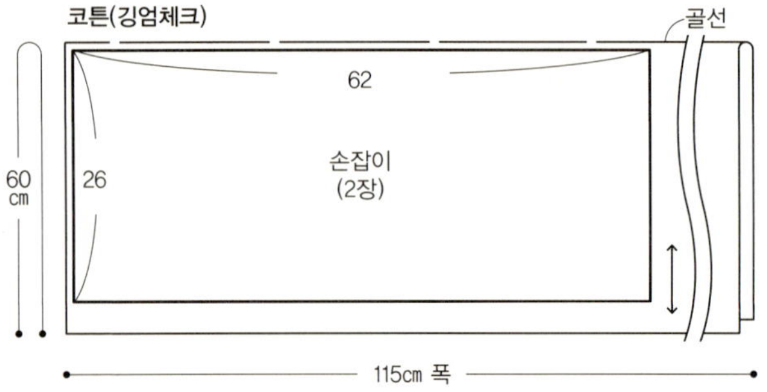

골선
62
손잡이 (2장)
26
60 cm
115cm 폭

바느질 순서

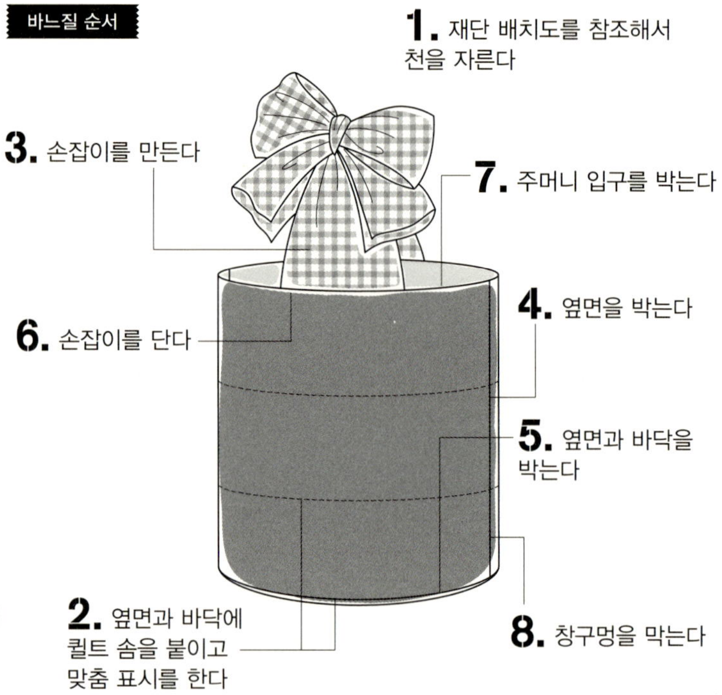

1. 재단 배치도를 참조해서 천을 자른다
2. 옆면과 바닥에 퀼트 솜을 붙이고 맞춤 표시를 한다
3. 손잡이를 만든다
4. 옆면을 박는다
5. 옆면과 바닥을 박는다
6. 손잡이를 단다
7. 주머니 입구를 박는다
8. 창구멍을 막는다

만드는 법 •단위는 cm

2. 옆면과 바닥에 퀼트 솜을 붙이고 맞춤 표시를 한다

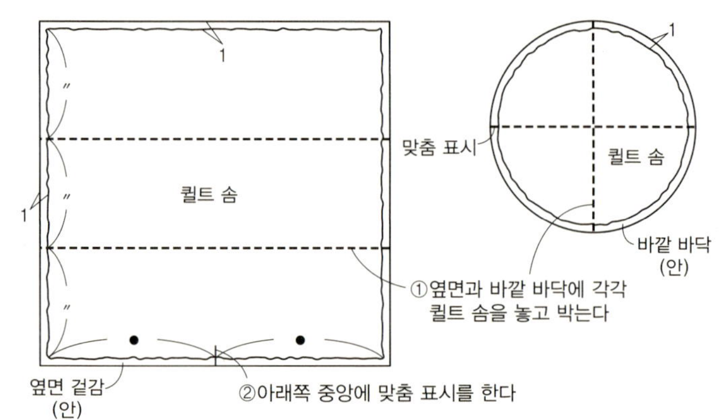

3. 손잡이를 만든다

(겉)
①겉끼리 맞대어 1번 접어 시접 1cm로 박는다
1
13
손잡이(안)
골선
골선
②그림처럼 다시 접어
한쪽을 박는다(★)
6
6
1
시접을 가른다
손잡이(안)
골선
골선
★
손잡이(겉)
(안)
골선
③겉으로 뒤집는다

4. 옆면을 박는다

옆면 겉감(안)
(겉)
1
1
옆
퀼트 솜
옆
1cm 남긴다
1cm 남긴다
①옆면 겉감 2장을 겉끼리 맞대어
옆을 시접 1cm로 박는다
(겉)
②옆면 안감 2장을 겉끼리 맞대어
옆을 창구멍을 남기고 시접
1cm로 박는다
옆
옆
18
창구멍
옆면 안감
(안)
1
1
1cm 남긴다
1cm 남긴다

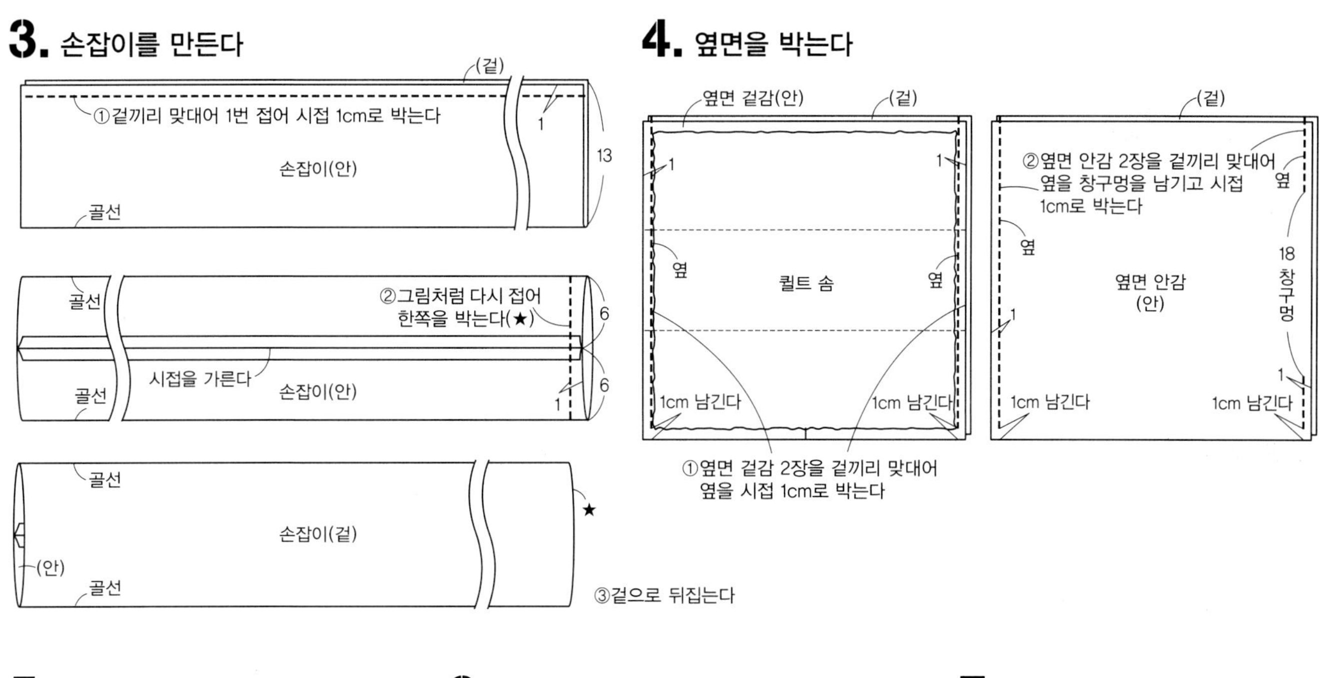

5. 옆면과 바닥을 박는다

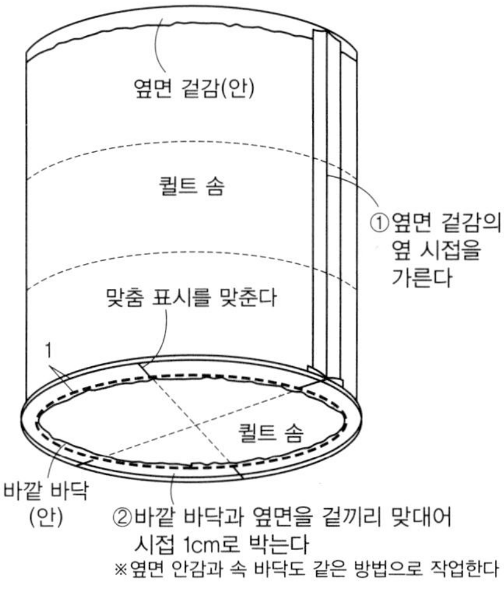

옆면 겉감(안)
퀼트 솜
①옆면 겉감의
옆 시접을
가른다
맞춤 표시를 맞춘다
1
퀼트 솜
바깥 바닥
(안)
②바깥 바닥과 옆면을 겉끼리 맞대어
시접 1cm로 박는다
※옆면 안감과 속 바닥도 같은 방법으로 작업한다

6. 손잡이를 단다

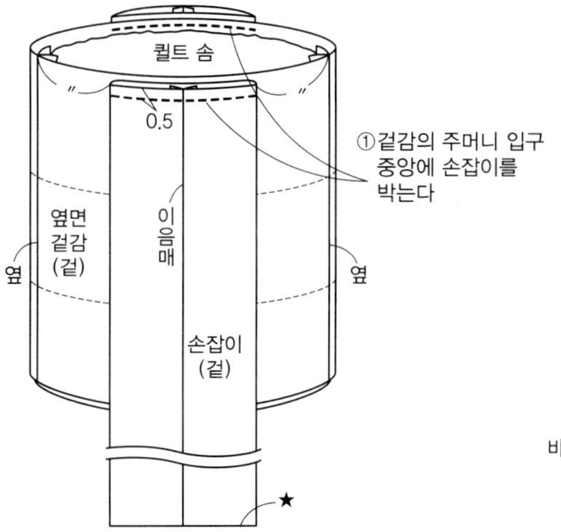

퀼트 솜
0.5
①겉감의 주머니 입구
중앙에 손잡이를
박는다
옆면
겉감
(겉)
옆
이음매
옆
손잡이
(겉)
★

7. 주머니 입구를 박는다

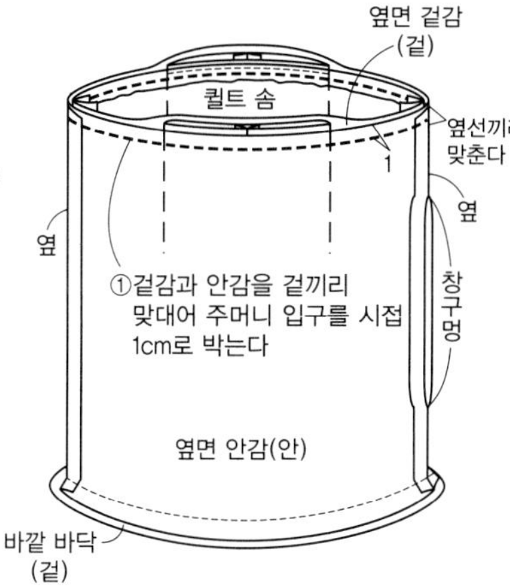

옆면 겉감
(겉)
퀼트 솜
옆선끼리
맞춘다
1
옆
옆
①겉감과 안감을 겉끼리
맞대어 주머니 입구를 시접
1cm로 박는다
창구멍
옆면 안감(안)
바깥 바닥
(겉)

8. 창구멍을 막는다

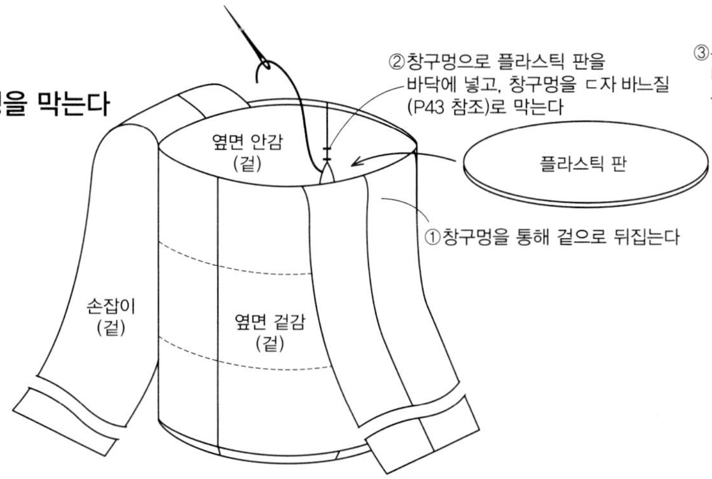

②창구멍으로 플라스틱 판을
바닥에 넣고, 창구멍을 ㄷ자 바느질
(P43 참조)로 막는다
옆면 안감
(겉)
플라스틱 판
①창구멍을 통해 겉으로 뒤집는다
손잡이
(겉)
옆면 겉감
(겉)

③손잡이끼리
나비 모양으로
묶는다
옆면 안감
(겉)
손잡이
(겉)
옆면 겉감
(겉)

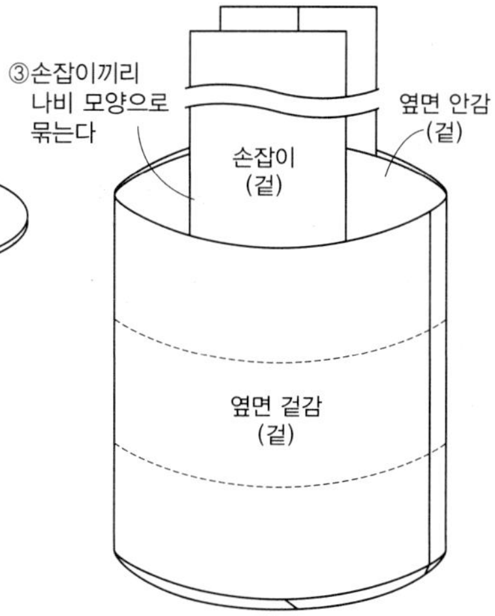

작업용 에이프런 Photo P33

재료

- 리넨…143cm 폭×150cm
- 접착심지…20×35cm, 2.5×36cm

실물 대형 옷본

D면 [18]
1-몸판 2-안단

완성 사이즈

앞 길이=93.5cm

재단 배치도 •단위는 cm

※포켓, 바이어스 천은 천에 직접 선을 그려서 자른다

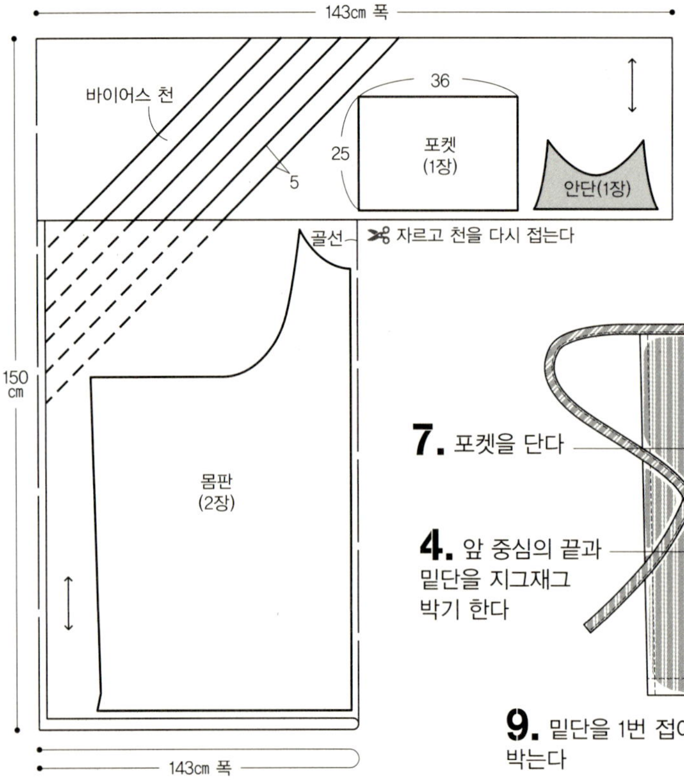

143cm 폭
150 cm
바이어스 천
5
36
25
포켓 (1장)
안단(1장)
골선
자르고 천을 다시 접는다
몸판 (2장)
143cm 폭

※ ▭는 접착심지. 안단은 접착심지를 붙이고서 자른다

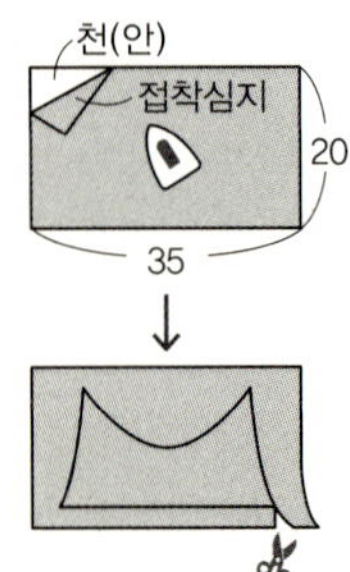

바느질 순서

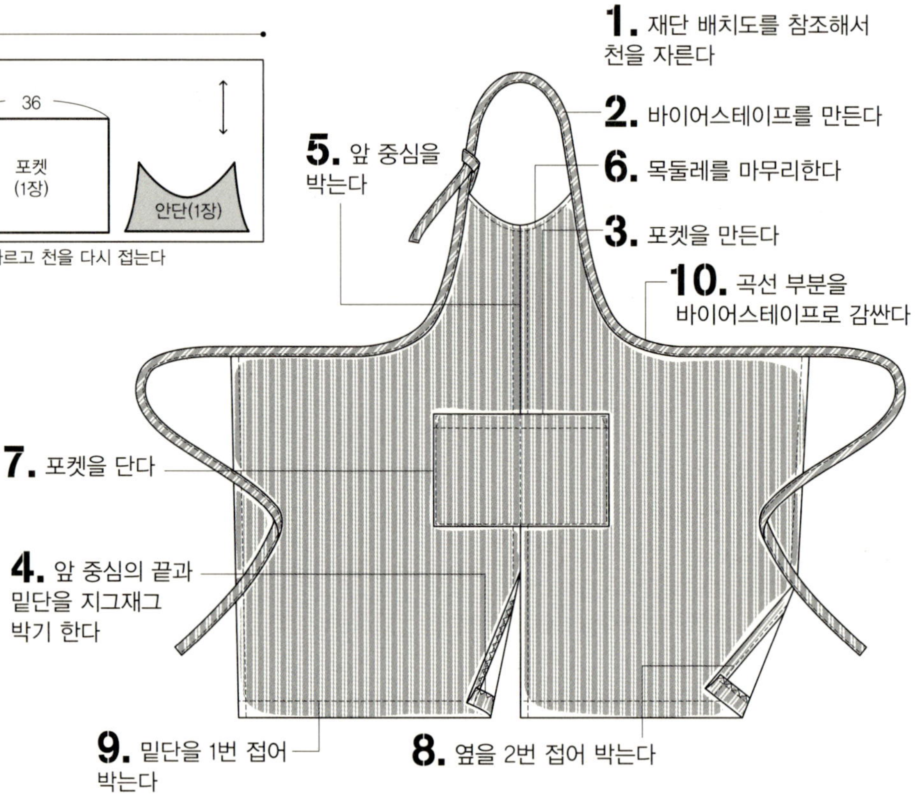

1. 재단 배치도를 참조해서 천을 자른다
2. 바이어스테이프를 만든다
3. 포켓을 만든다
4. 앞 중심의 끝과 밑단을 지그재그 박기 한다
5. 앞 중심을 박는다
6. 목둘레를 마무리한다
7. 포켓을 단다
8. 옆을 2번 접어 박는다
9. 밑단을 1번 접어 박는다
10. 곡선 부분을 바이어스테이프로 감싼다

만드는 법 •단위는 cm

2. 바이어스테이프를 만든다

①바이어스 천을 연결해서 길이 160cm와 205cm를 만든다(P40 '바이어스테이프 만드는 법' 참조) 그림처럼 접어 테이프를 만든다

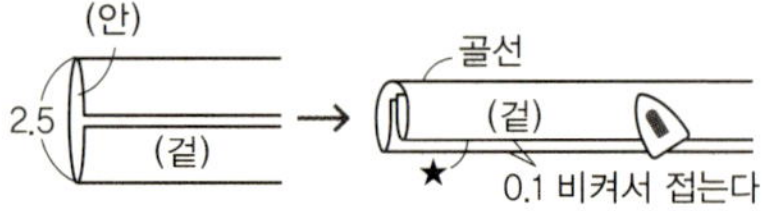

3. 포켓을 만든다

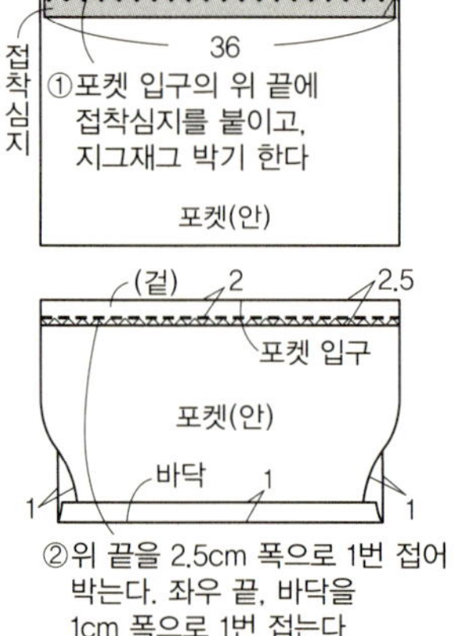

②위 끝을 2.5cm 폭으로 1번 접어 박는다. 좌우 끝, 바닥을 1cm 폭으로 1번 접는다

4. 앞 중심의 끝과 밑단을 지그재그 박기 한다

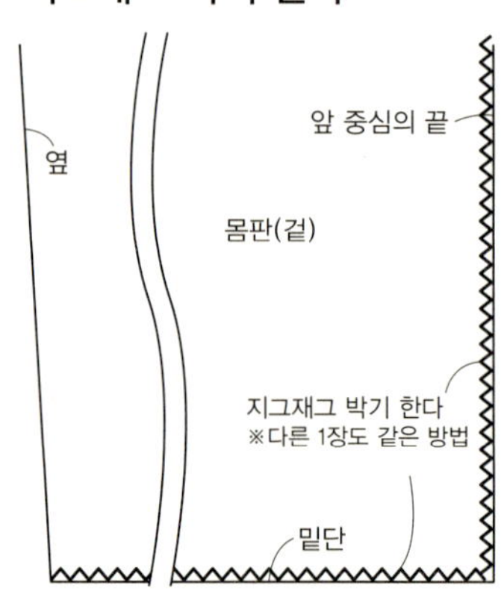

5. 앞 중심을 박는다

6. 목둘레를 마무리한다

7. 포켓을 단다

8. 옆을 2번 접어 박는다

9. 밑단을 1번 접어 박는다

10. 곡선 부분을 바이어스테이프로 감싼다

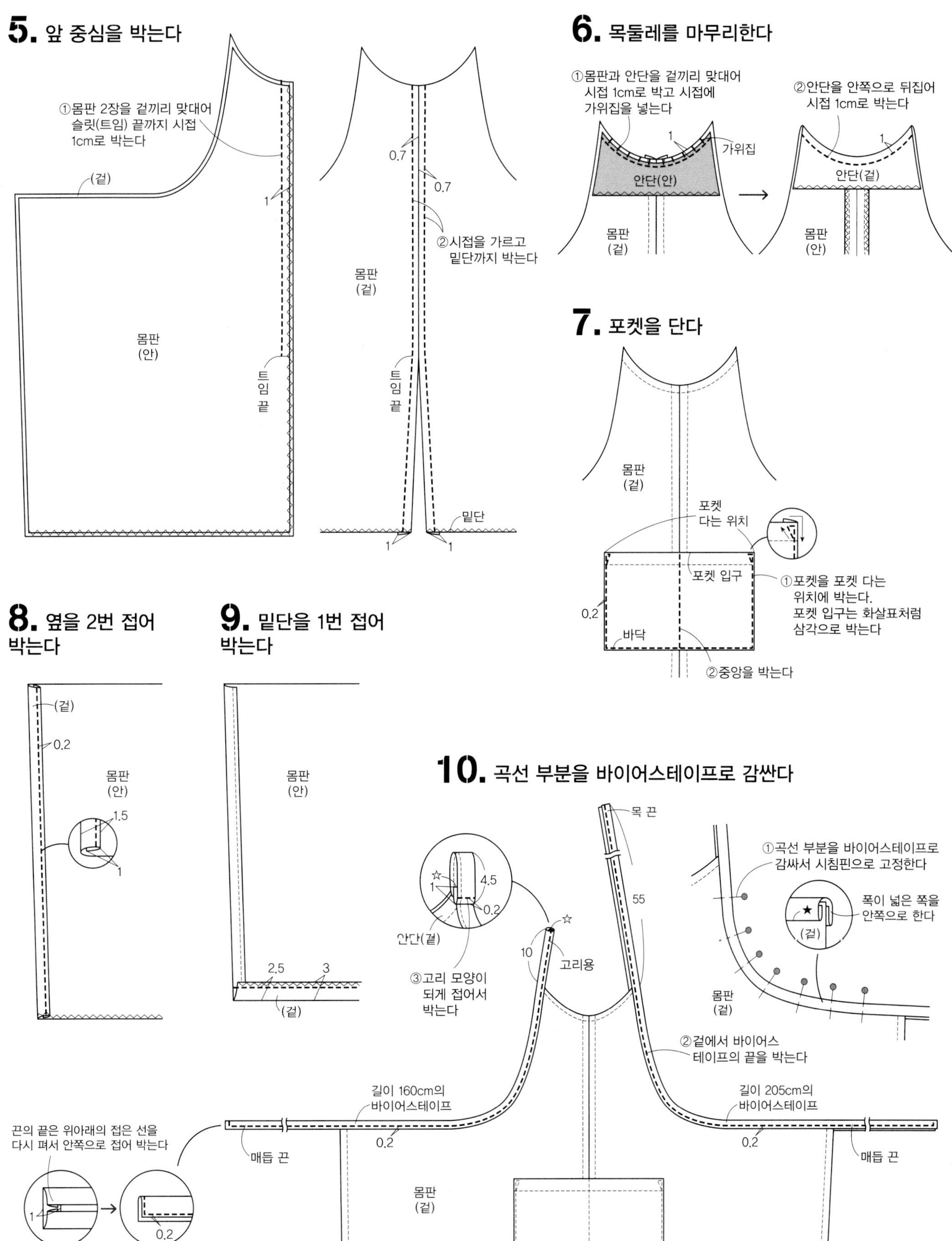

후드 달린 판초 Photo P29

재료 •왼쪽부터 S/ M/ L/ LL

• 울 압축 니트…142cm 폭×210/ 210/ 220/ 220cm

실물 대형 옷본

A면 [3]
1-앞 몸판 2-뒤 몸판 3-후드

완성 사이즈 •왼쪽부터 S/ M/ L/ LL

옷 길이=70.5/ 72.5/ 74.5/ 76.5cm

재단 배치도 •단위는 cm •위부터 S/ M/ L/ LL

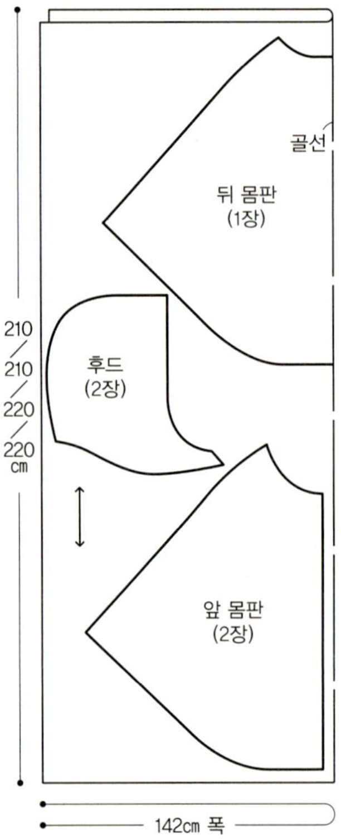

골선
뒤 몸판 (1장)
후드 (2장)
앞 몸판 (2장)
210/ 210/ 220/ 220cm
142cm 폭

바느질 순서

1. 재단 배치도를 참조해서 천을 자르고 사전 준비를 한다

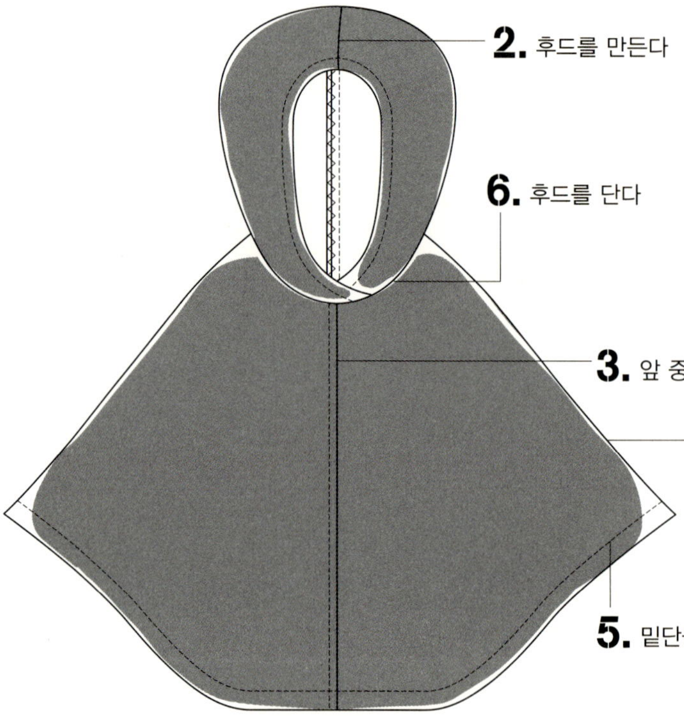

2. 후드를 만든다

6. 후드를 단다

3. 앞 중심을 박는다

4. 옆을 박는다

5. 밑단을 1번 접어 박는다

사전 준비 •단위는 cm

•앞·뒤 몸판의 밑단을 지그재그 박기 하고 3cm 폭으로 1번 접는다

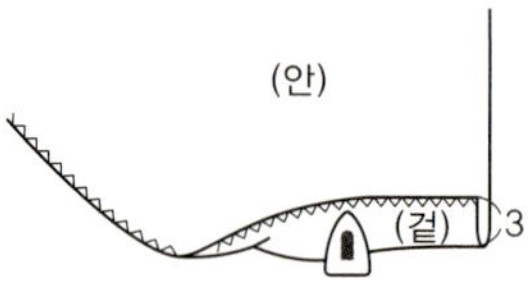

(안)
(겉)
3

만드는 법 •단위는 cm

2. 후드를 만든다

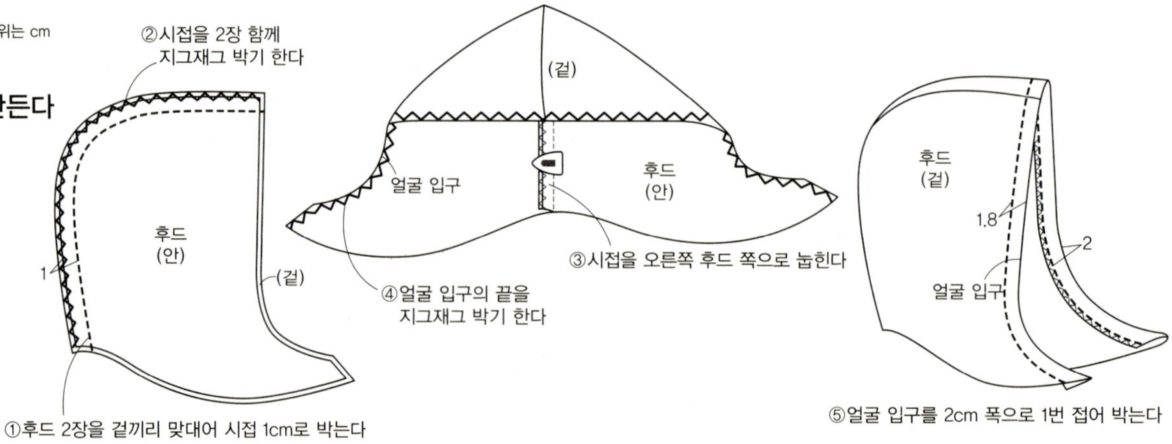

②시접을 2장 함께 지그재그 박기 한다

후드 (안)
1
(겉)

①후드 2장을 겉끼리 맞대어 시접 1cm로 박는다

(겉)
얼굴 입구
후드 (안)

③시접을 오른쪽 후드 쪽으로 눕힌다

④얼굴 입구의 끝을 지그재그 박기 한다

후드 (겉)
1.8
2
얼굴 입구

⑤얼굴 입구를 2cm 폭으로 1번 접어 박는다

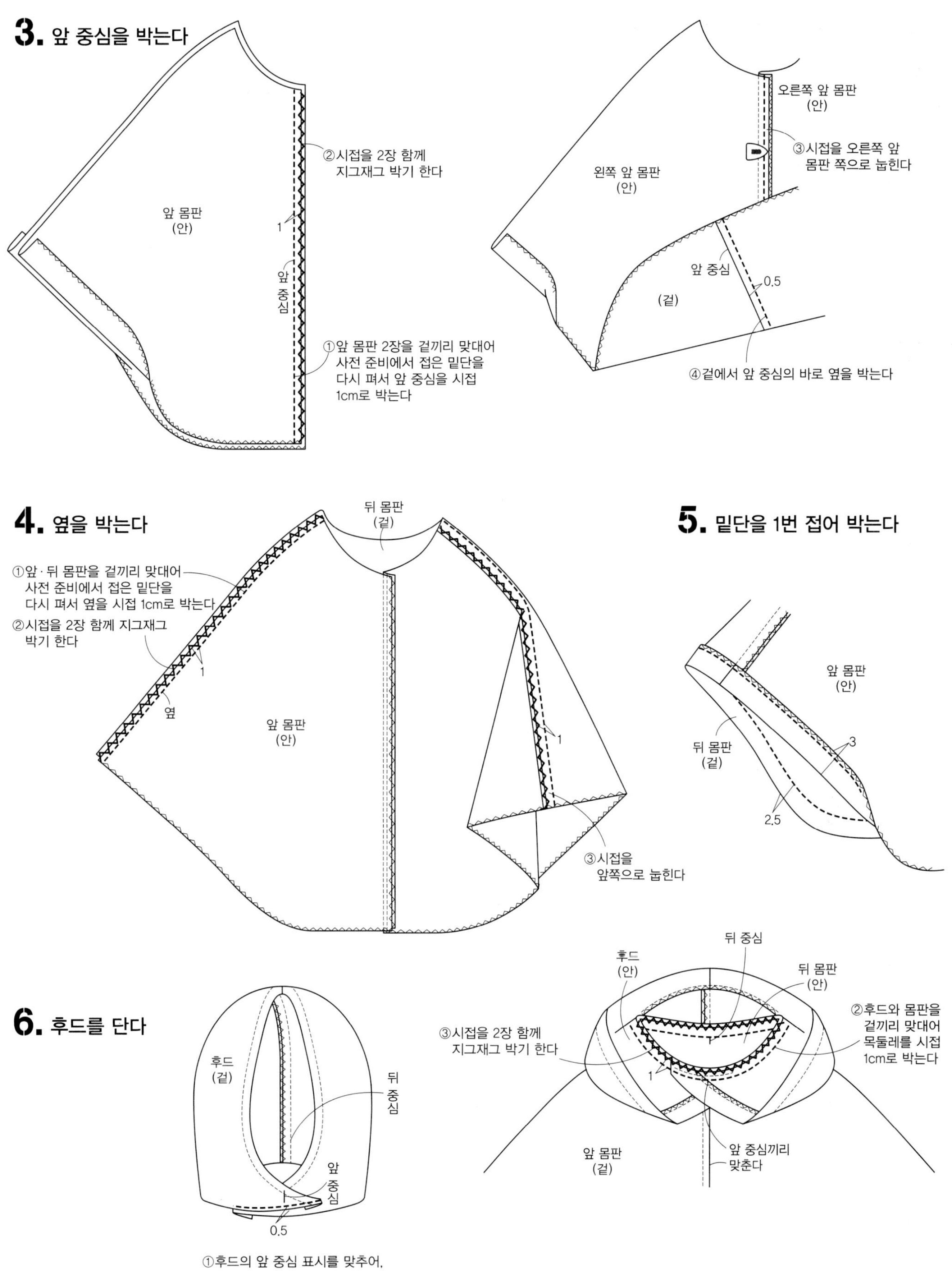
3. 앞 중심을 박는다
②시접을 2장 함께
지그재그 박기 한다
앞 몸판
(안)
1
앞
중
심
①앞 몸판 2장을 겉끼리 맞대어
사전 준비에서 접은 밑단을
다시 펴서 앞 중심을 시접
1cm로 박는다
오른쪽 앞 몸판
(안)
③시접을 오른쪽 앞
몸판 쪽으로 눕힌다
왼쪽 앞 몸판
(안)
앞 중심
0.5
(겉)
④겉에서 앞 중심의 바로 옆을 박는다
4. 옆을 박는다
뒤 몸판
(겉)
①앞·뒤 몸판을 겉끼리 맞대어
사전 준비에서 접은 밑단을
다시 펴서 옆을 시접 1cm로 박는다
②시접을 2장 함께 지그재그
박기 한다
1
옆
앞 몸판
(안)
1
③시접을
앞쪽으로 눕힌다
5. 밑단을 1번 접어 박는다
앞 몸판
(안)
뒤 몸판
(겉)
3
2.5
6. 후드를 단다
후드
(겉)
뒤
중
심
앞
중
심
0.5
①후드의 앞 중심 표시를 맞추어,
겹쳐진 부분을 박는다
뒤 중심
후드
(안)
뒤 몸판
(안)
②후드와 몸판을
겉끼리 맞대어
목둘레를 시접
1cm로 박는다
③시접을 2장 함께
지그재그 박기 한다
1
앞 몸판
(겉)
앞 중심끼리
맞춘다

개더 풀오버 Photo P24

개더 원피스 Photo P25

재료 •왼쪽부터 S/ M/ L/ LL

〈개더 풀오버〉
- 코튼 레이스…102cm 폭×180cm
- 접착심지…30×8cm

〈개더 원피스〉
- 코튼 보더……150cm 폭×190cm
- 접착심지…30×8cm

실물 대형 옷본

C면 [13] [14]
1-앞 몸판 2-뒤 몸판

완성 사이즈 •왼쪽부터 S/ M/ L/ LL

가슴둘레＝95/ 98/ 102/ 108cm
옷 길이＝풀오버 57/ 59/ 61/ 63cm
원피스 99/ 101/ 103/ 105cm

재단 배치도 •단위는 cm •왼쪽 또는 위부터 S/ M/ L/ LL

※앞 몸판 아래, 뒤 몸판 아래, 앞 스커트, 뒤 스커트, 바이어스 천은 천에 직접 선을 그려서 자른다

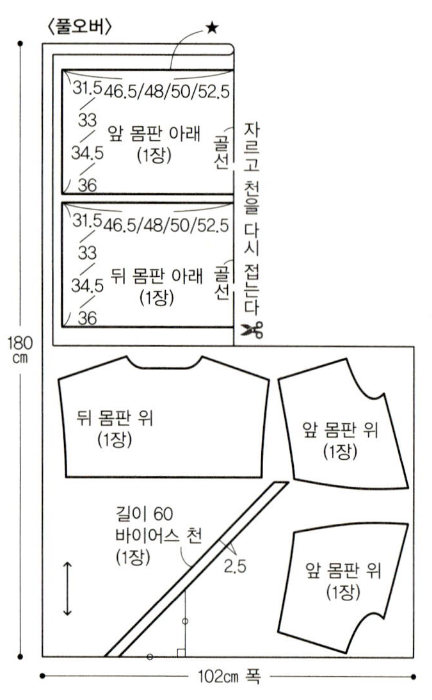

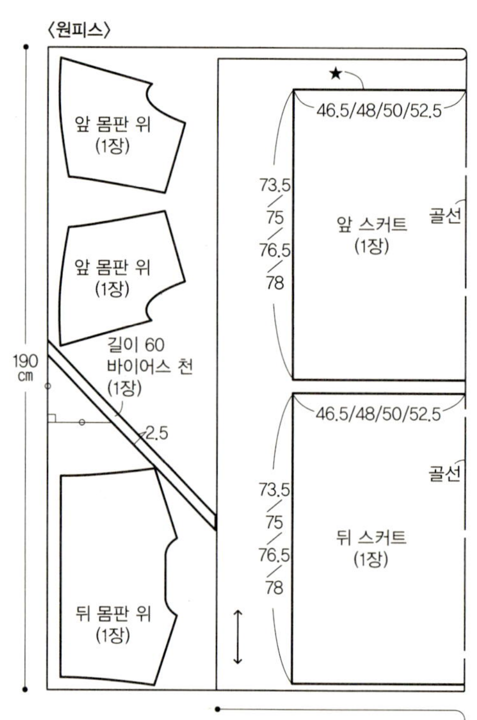

사전 준비 •단위는 cm

- 앞 몸판 위의 안단에 접착심지를 붙인다. 여분은 자른다

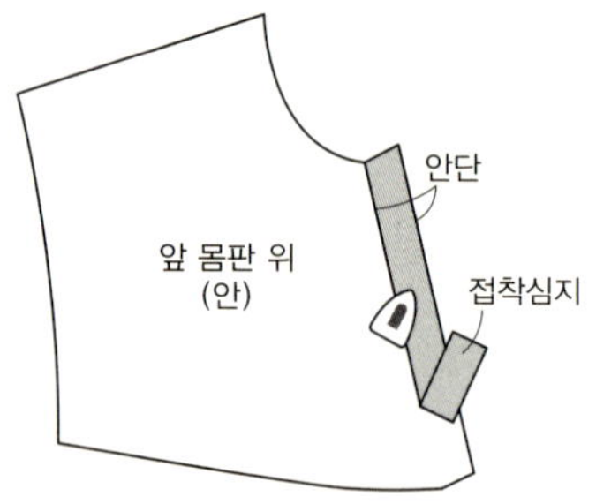

- 뒤 몸판 위(옆), 앞 몸판 위(옆과 앞 끝), 앞·뒤 몸판 아래 또는 앞·뒤 스커트(옆과 밑단)를 지그재그 박기 한다

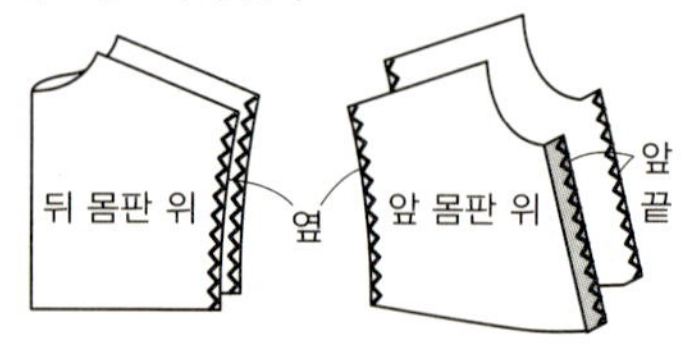

앞 몸판 아래 또는
앞 스커트
★
옆
밑단
옆
뒤 몸판 아래 또는
뒤 스커트

- 앞·뒤 몸판 아래 또는 앞·뒤 스커트의 밑단을 3cm 폭으로 1번 접는다

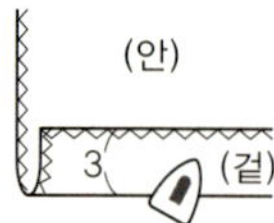

바느질 순서

1. 재단 배치도를 참조해서 천을 자르고 사전 준비를 한다

〈풀오버〉

3. 목둘레, 앞 끝을 마무리한다

2. 어깨를 박는다

4. 몸판 위에 몸판 아래를 붙인다

6. 진동 둘레를 마무리한다

5. 옆을 박는다

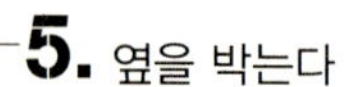

7. 밑단을 1번 접어 박는다

〈원피스〉

4. 몸판 위에 스커트를 붙인다

만드는 법 •단위는 cm

2. 어깨를 박는다

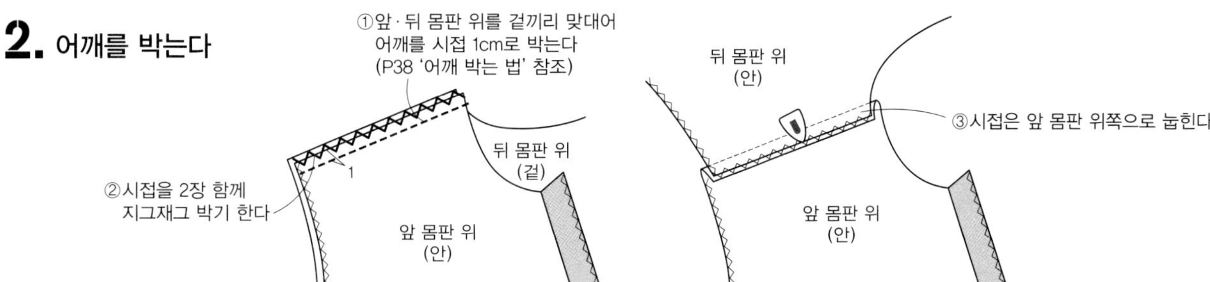

3. 목둘레, 앞 끝을 마무리한다

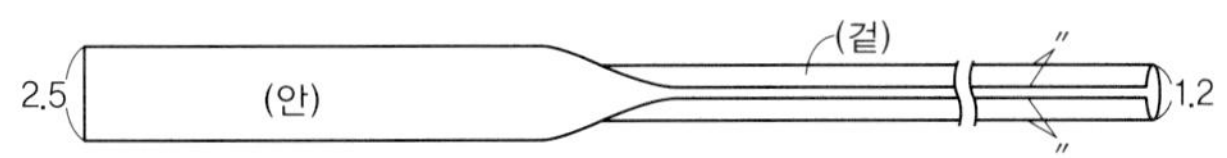

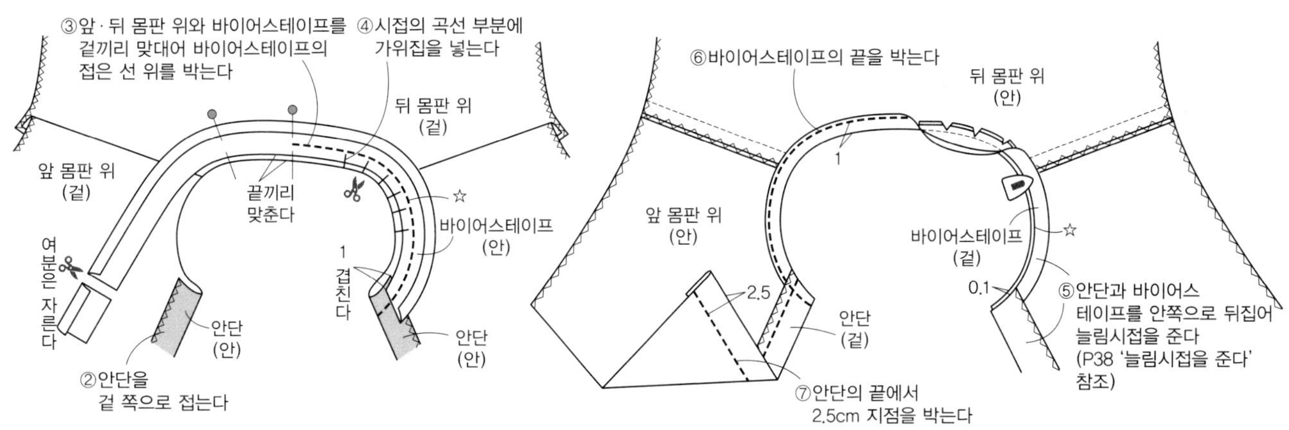

4. 몸판 위에 몸판 아래(원피스의 경우는 스커트)를 붙인다

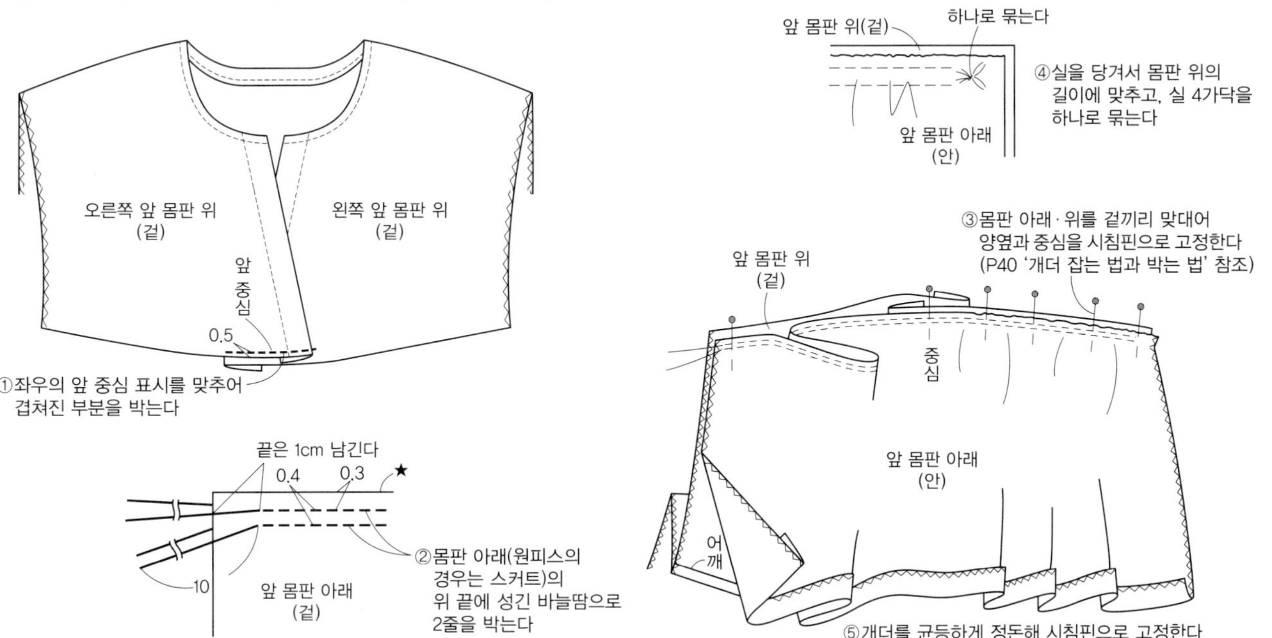

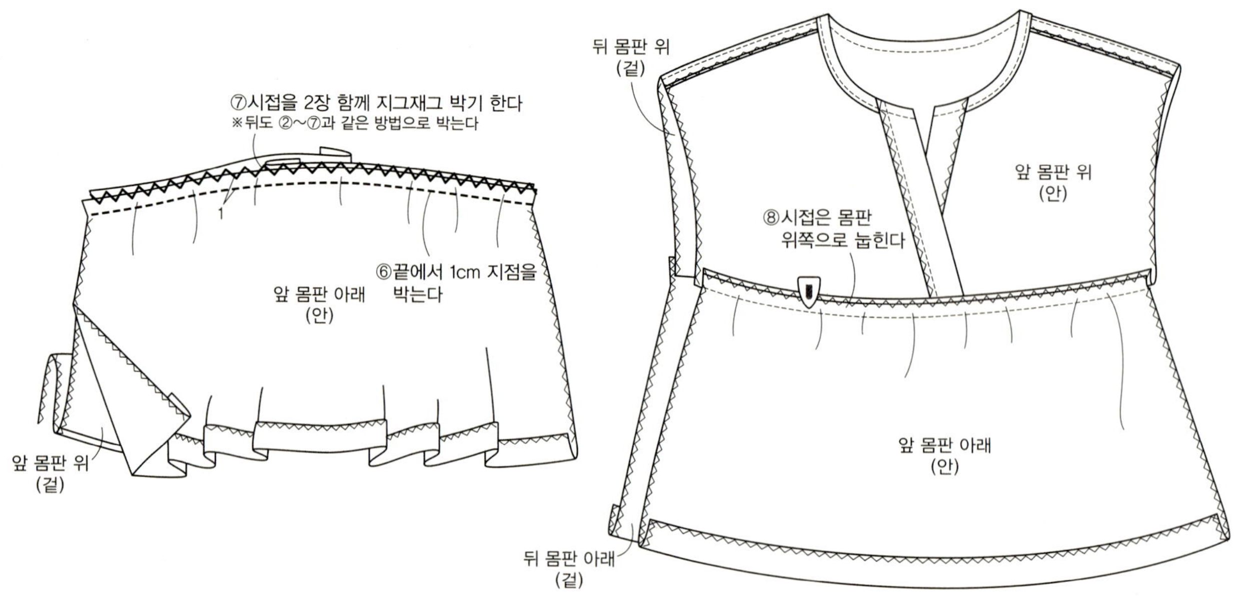

5. 옆을 박는다

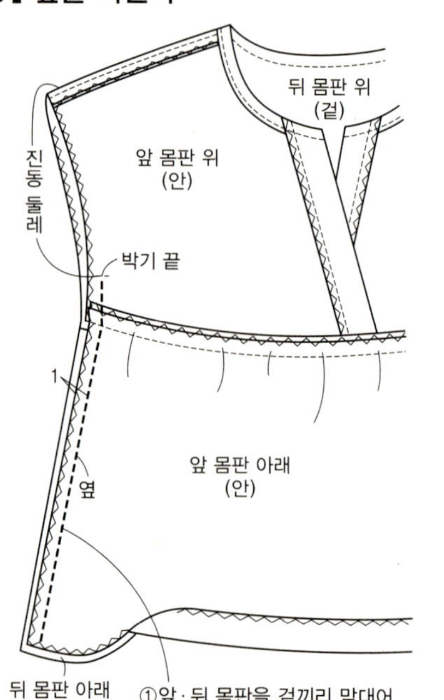

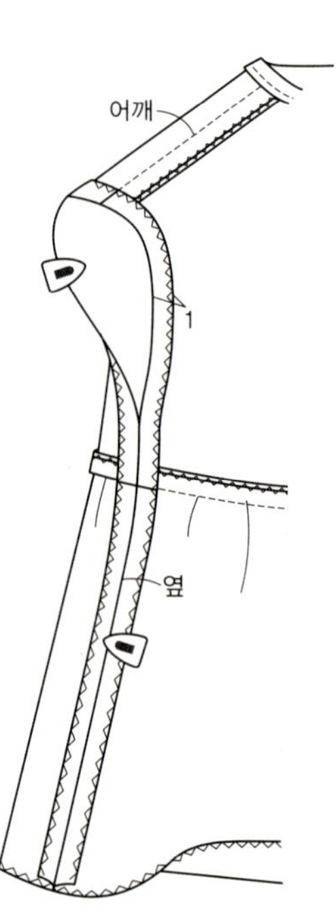

6. 진동 둘레를 마무리한다

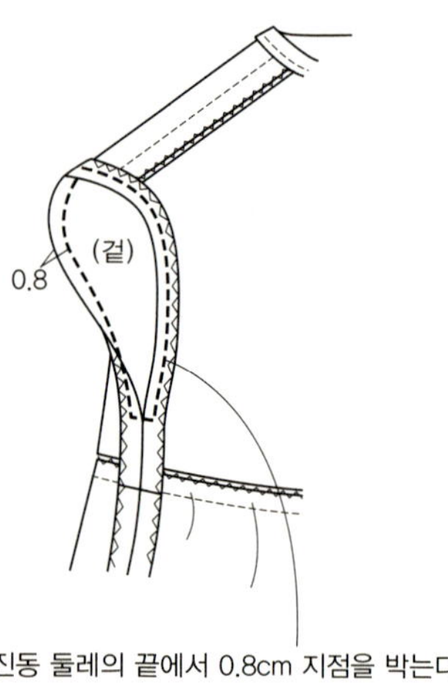

진동 둘레의 끝에서 0.8cm 지점을 박는다

7. 밑단을 1번 접어 박는다

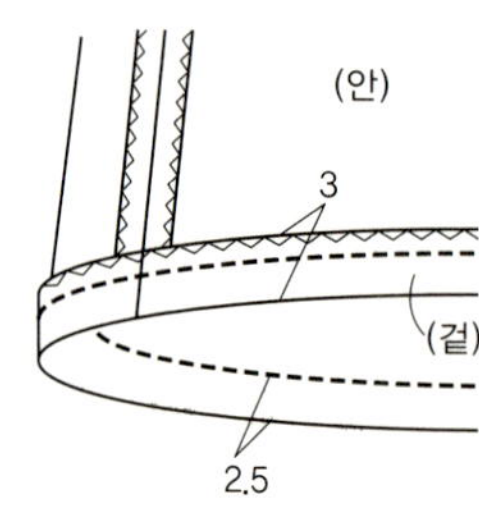

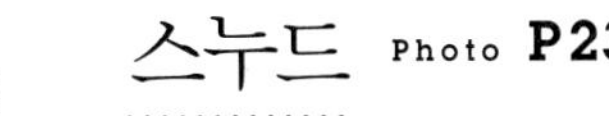

재료

• 코튼 울 니트…174cm 폭×90cm

완성 사이즈

가로 폭 63cm×세로 41.5cm

재단 배치도 •단위는 cm

※천에 직접 선을 그려서 자른다

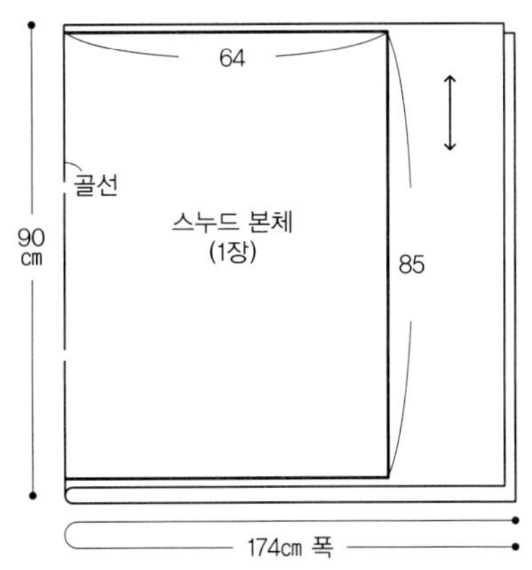

바느질 순서

1. 재단 배치도를 참조해서 천을 자른다

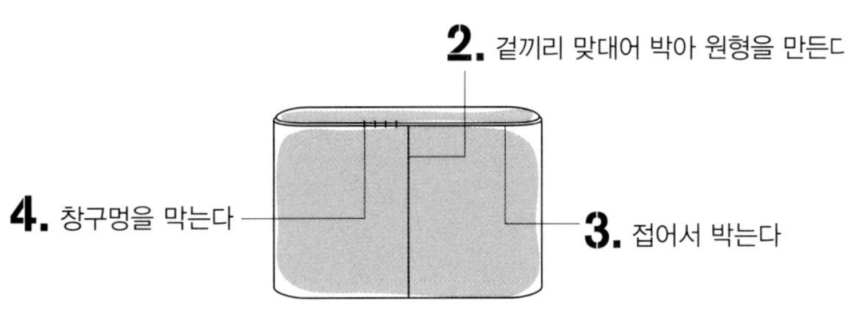

만드는 법 •단위는 cm

2. 겉끼리 맞대어 박아 원형을 만든다

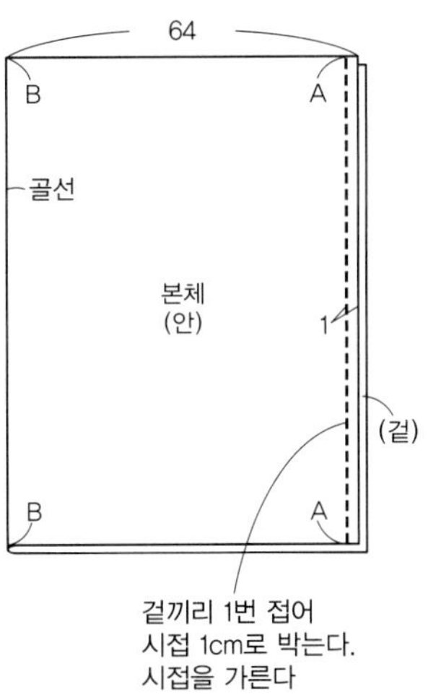

겉끼리 1번 접어
시접 1cm로 박는다.
시접을 가른다

3. 접어서 박는다

①솔기가 중앙에 오게 접는다

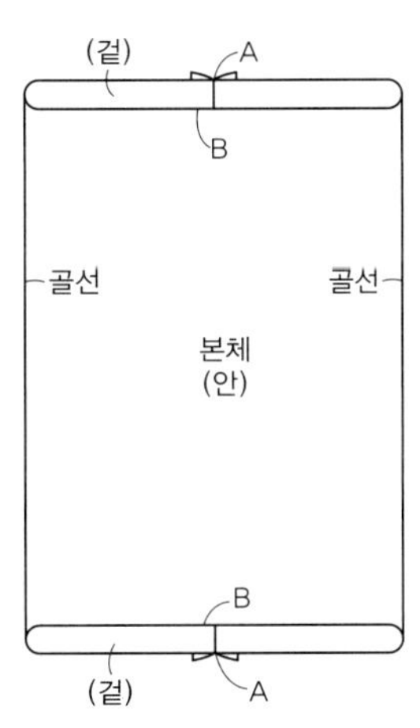

②B가 안쪽이 되게 접어
A끼리 맞춘다

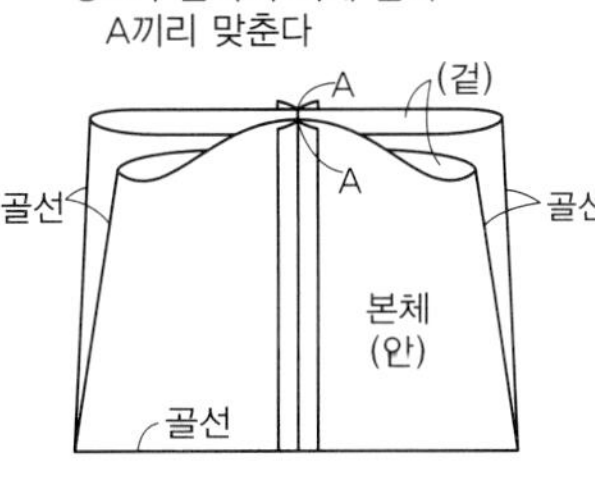

③B쪽을 넣어 박지 않도록 주의해서
창구멍을 남기고, 시접 1cm로
안쪽 천을 당기면서 조금씩 박아간다

4. 창구멍을 막는다

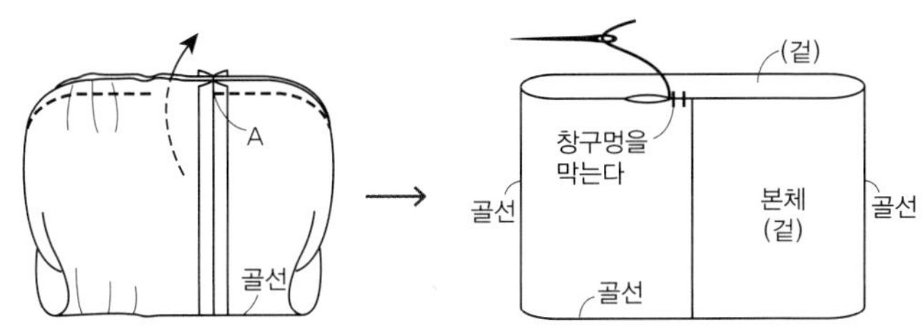

①창구멍을 통해 겉으로 뒤집은 다음 창구멍을 ㄷ자 바느질(P43 참조)로 막는다

돌먼 블라우스 Photo P15, 22

재료 •왼쪽부터 S/ M/ L/ LL •기본은 P15. [ ] 안은 P22. 지정된 것 이외는 공통

- 울 니트 [코튼 론]…
  134cm [135cm] 폭×150/ 150/ 155/ 160cm
- 3cm 폭의 납작 고무줄…15.5/ 16/ 17/ 18cm 2줄
- 0.8cm 폭의 납작 고무줄…35/ 35/ 36/ 36cm 2줄
- 접착심지…50×40cm

실물 대형 옷본

D면 [19]
1-앞 몸판 2-뒤 몸판 3-앞 안단
4-뒤 안단

완성 사이즈 •왼쪽부터 S/ M/ L/ LL

가슴둘레 =147/ 150/ 154/ 160cm
옷 길이 =58/ 60/ 62/ 64cm

재단 배치도 •위부터 S/ M/ L/ LL

바느질 순서

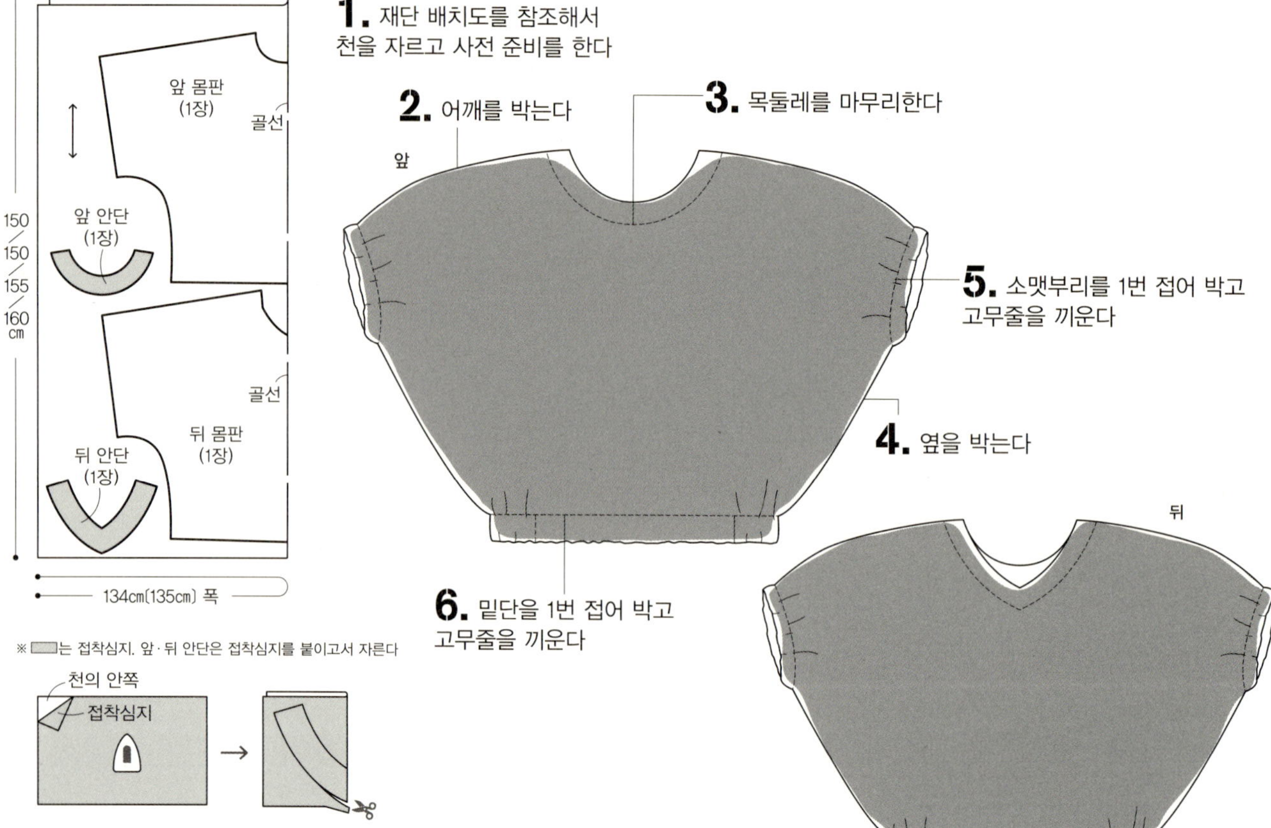

※ ▭는 접착심지. 앞·뒤 안단은 접착심지를 붙이고서 자른다

천의 안쪽
접착심지

사전 준비 •단위는 cm •왼쪽부터 S/ M/ L/ LL

- 접착심지를 9cm×33/ 34/ 35/ 37cm로 2장 자른다.
  그림처럼 앞·뒤 몸판의 밑단에 붙인다
- 어깨와 소맷부리, 밑단을 지그재그 박기 한다

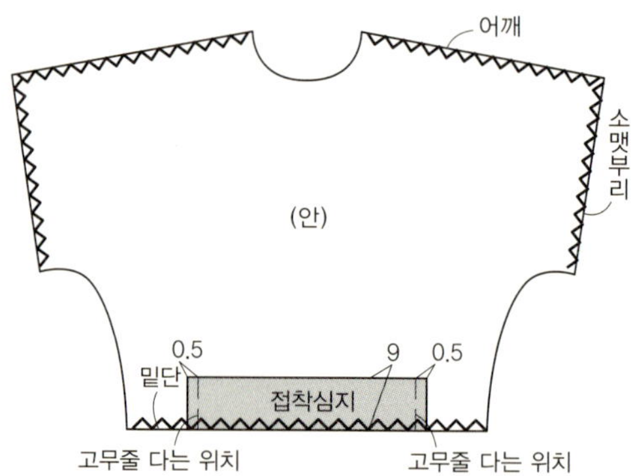

- 앞·뒤 몸판의 밑단을 4.5cm 폭으로 1번 접는다

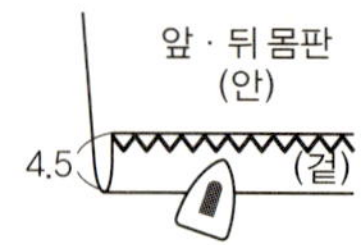

만드는 법 •단위는 cm

2. 어깨를 박는다

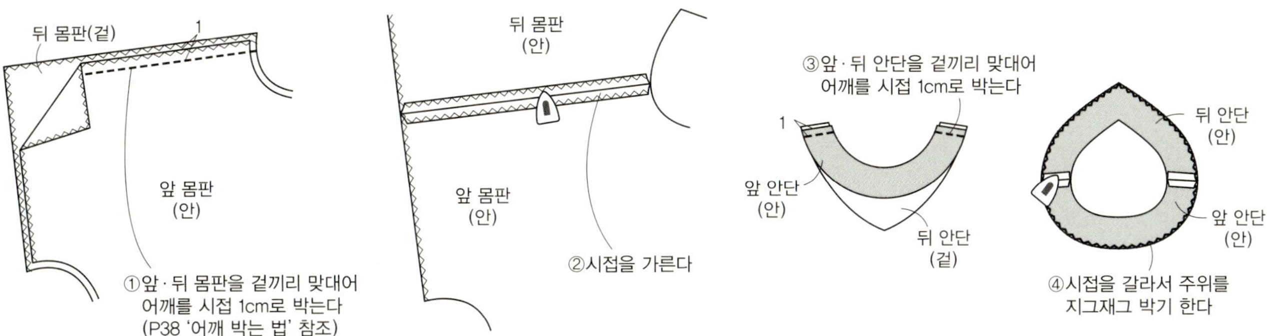

3. 목둘레를 마무리한다

4. 옆을 박는다

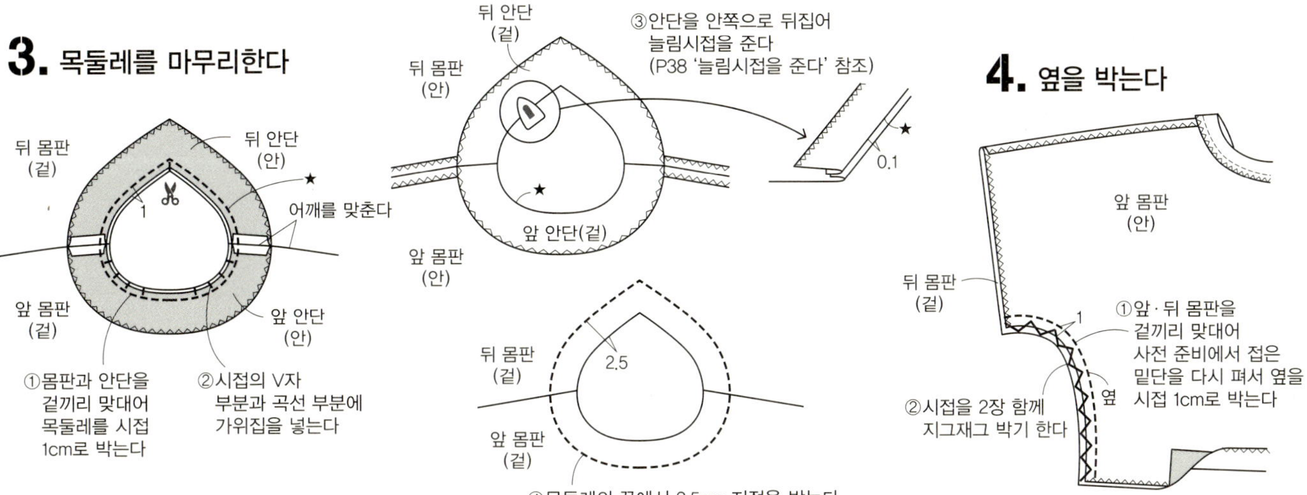

5. 소맷부리를 1번 접어 박고 고무줄을 끼운다

6. 밑단을 1번 접어 박고 고무줄을 끼운다

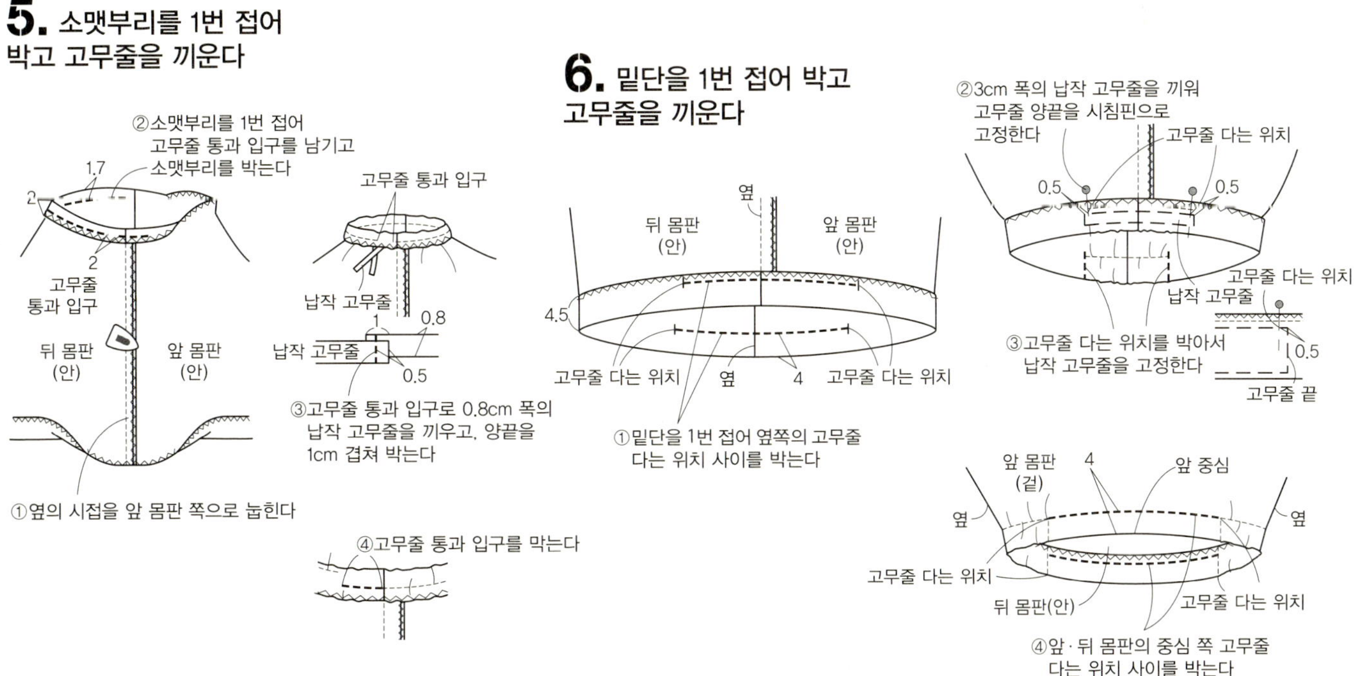

로 웨이스트 원피스 Photo P34

재료 •왼쪽부터 S/ M/ L/ LL

- 폴리에스테르…113cm 폭×270/ 270/ 300/ 300cm
- 접착심지…40×25cm

실물 대형 옷본

B면 [9]
1-앞 몸판 2-뒤 몸판 3-소매 4-앞 안단
5-뒤 안단

완성 사이즈 •왼쪽부터 S/ M/ L/ LL

가슴둘레＝93/ 96/ 100/ 106cm
옷 길이＝105/ 107/ 109/ 111cm

재단 배치도 •단위는 cm •왼쪽 또는 위부터 S/ M/ L/ LL
※앞 스커트, 뒤 스커트는 천에 직접 선을 그려서 자른다

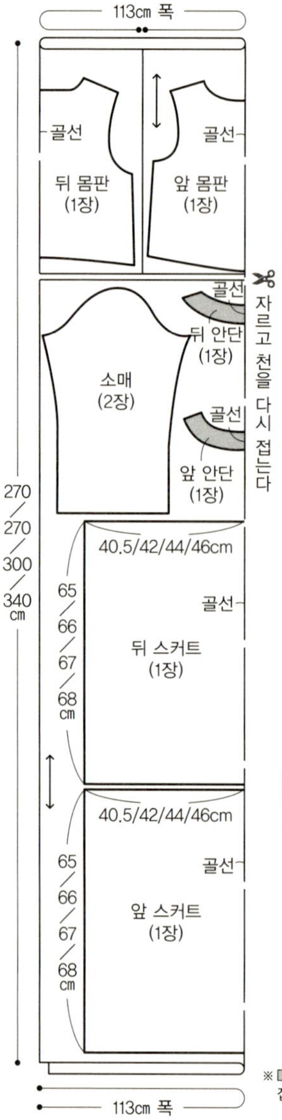

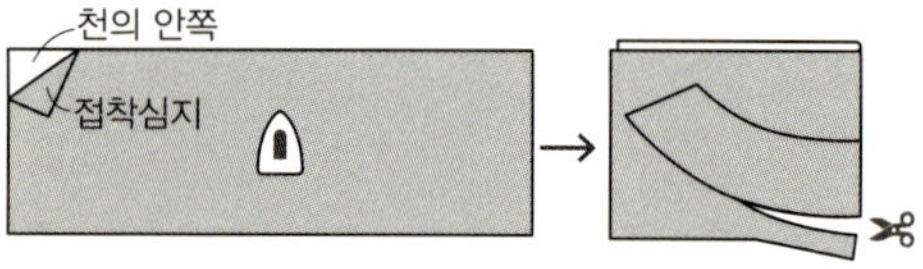

113cm 폭
골선
뒤 몸판 (1장)
골선
앞 몸판 (1장)
골선
뒤 안단 (1장)
소매 (2장)
골선
앞 안단 (1장)
자르고 천을 다시 접는다
270/270/300/340cm
40.5/42/44/46cm
65/66/67/68cm
골선
뒤 스커트 (1장)
40.5/42/44/46cm
65/66/67/68cm
골선
앞 스커트 (1장)
113cm 폭
천의 안쪽
접착심지

바느질 순서

1. 재단 배치도를 참조해서 천을 자르고 사전 준비를 한다
2. 어깨를 박는다
3. 목둘레를 마무리한다
4. 몸판에 스커트를 붙인다
5. 소매를 붙인다
6. 소매 밑, 옆을 박는다
7. 소맷부리를 1번 접어 박는다
8. 밑단을 1번 접어 박는다

사전 준비 •단위는 cm

- 소맷부리를 지그재그 박기 하고, 7cm 폭으로 1번 접는다
- 앞·뒤 스커트의 밑단을 지그재그 박기 하고, 3cm 폭으로 1번 접는다

소매 (안)
7
(겉)

앞·뒤 스커트 (안)
3
(겉)

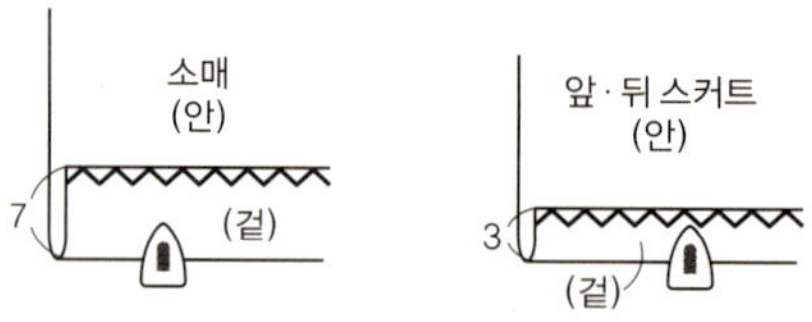

※ ▒는 접착심지. 앞·뒤 안단은 접착심지를 붙이고서 자른다

만드는 법 •단위는 cm

2. 어깨를 박는다

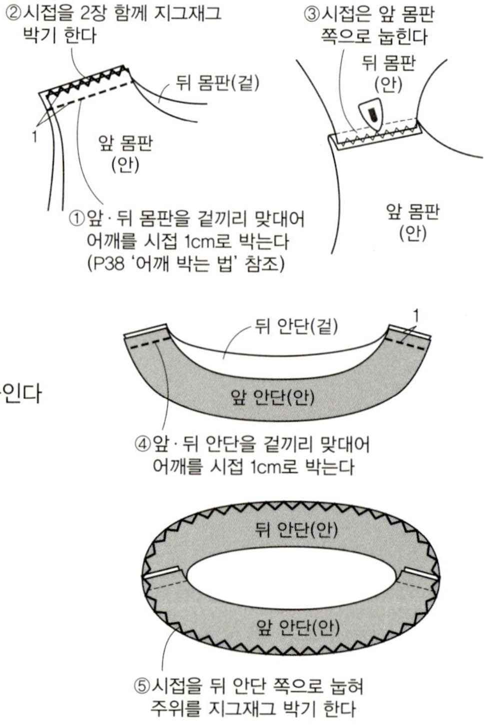

②시접을 2장 함께 지그재그 박기 한다
뒤 몸판(겉)
1
앞 몸판 (안)
①앞·뒤 몸판을 겉끼리 맞대어 어깨를 시접 1cm로 박는다 (P38 '어깨 박는 법' 참조)
③시접은 앞 몸판 쪽으로 눕힌다
뒤 몸판 (안)
앞 몸판 (안)

뒤 안단(겉)
1
앞 안단(안)
④앞·뒤 안단을 겉끼리 맞대어 어깨를 시접 1cm로 박는다

뒤 안단(안)
앞 안단(안)
⑤시접을 뒤 안단 쪽으로 눕혀 주위를 지그재그 박기 한다

3. 목둘레를 마무리한다

①몸판과 안단을 겉끼리 맞대어 목둘레를 시접 1cm로 박는다
뒤 몸판 (겉)
뒤 안단(안)
★
1
앞 안단(안)
앞 몸판 (겉)
②시접의 곡선 부분에 가위집을 넣는다

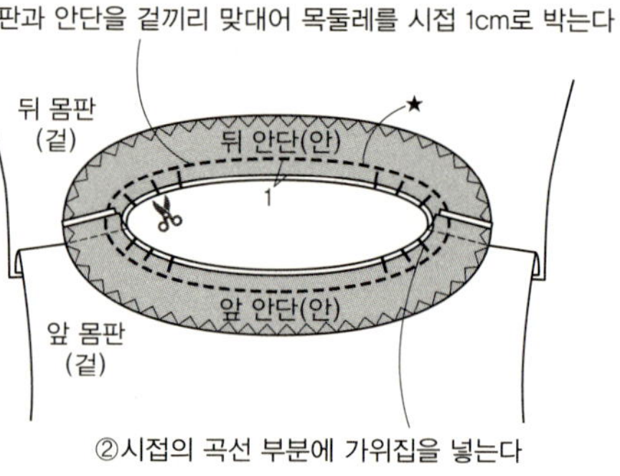

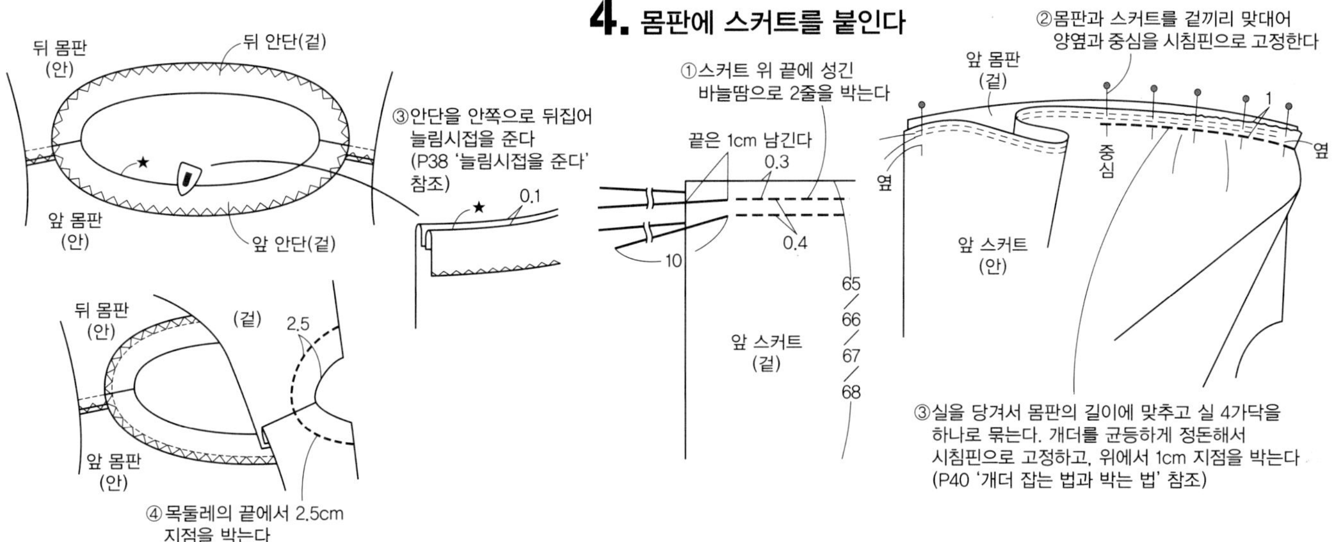

뒤 몸판
(안)
뒤 안단(겉)
앞 몸판
(안)
앞 안단(겉)
③안단을 안쪽으로 뒤집어
늘림시접을 준다
(P38 '늘림시접을 준다'
참조)
★
0.1
뒤 몸판
(안)
(겉)
2.5
앞 몸판
(안)
④목둘레의 끝에서 2.5cm
지점을 박는다

4. 몸판에 스커트를 붙인다

①스커트 위 끝에 성긴
바늘땀으로 2줄을 박는다
끝은 1cm 남긴다
0.3
0.4
10
65
66
67
68
앞 스커트
(겉)
②몸판과 스커트를 겉끼리 맞대어
양옆과 중심을 시침핀으로 고정한다
앞 몸판
(겉)
1
옆
중심
옆
앞 스커트
(안)
③실을 당겨서 몸판의 길이에 맞추고 실 4가닥을
하나로 묶는다. 개더를 균등하게 정돈해서
시침핀으로 고정하고, 위에서 1cm 지점을 박는다
(P40 '개더 잡는 법과 박는 법' 참조)

5. 소매를 붙인다

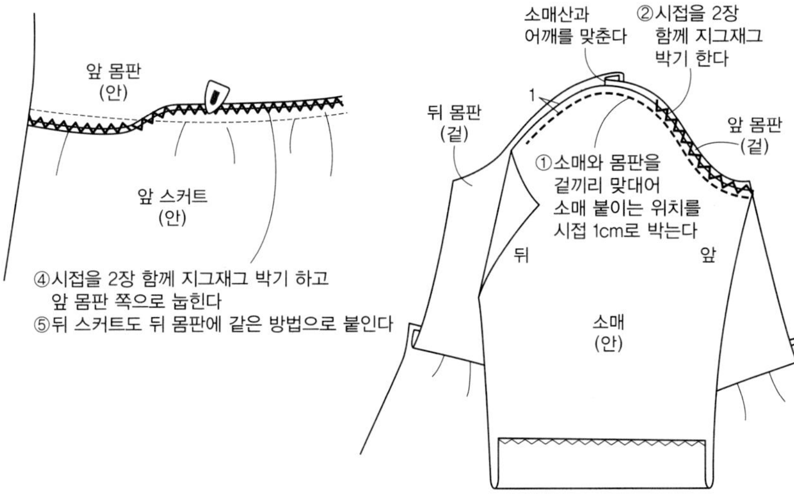

앞 몸판
(안)
앞 스커트
(안)
④시접을 2장 함께 지그재그 박기 하고
앞 몸판 쪽으로 눕힌다
⑤뒤 스커트도 뒤 몸판에 같은 방법으로 붙인다
소매산과
어깨를 맞춘다
②시접을 2장
함께 지그재그
박기 한다
1
뒤 몸판
(겉)
앞 몸판
(겉)
①소매와 몸판을
겉끼리 맞대어
소매 붙이는 위치를
시접 1cm로 박는다
뒤
앞
소매
(안)

6. 소매 밑, 옆을 박는다

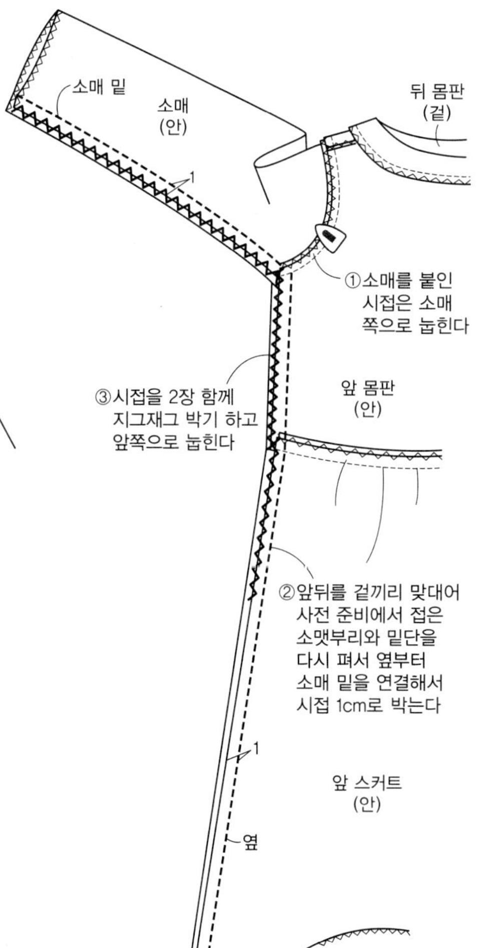

소매 밑
소매
(안)
1
뒤 몸판
(겉)
①소매를 붙인
시접은 소매
쪽으로 눕힌다
③시접을 2장 함께
지그재그 박기 하고
앞쪽으로 눕힌다
앞 몸판
(안)
②앞뒤를 겉끼리 맞대어
사전 준비에서 접은
소맷부리와 밑단을
다시 펴서 옆부터
소매 밑을 연결해서
시접 1cm로 박는다
1
옆
앞 스커트
(안)

7. 소맷부리를 1번 접어 박는다

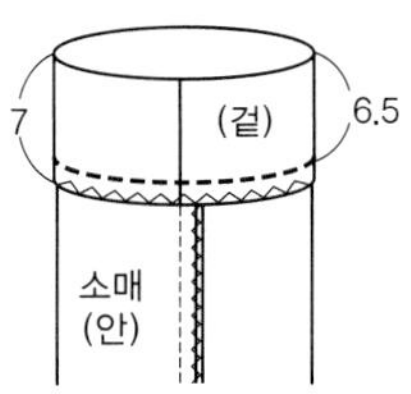

7
(겉)
6.5
소매
(안)

8. 밑단을 1번 접어 박는다

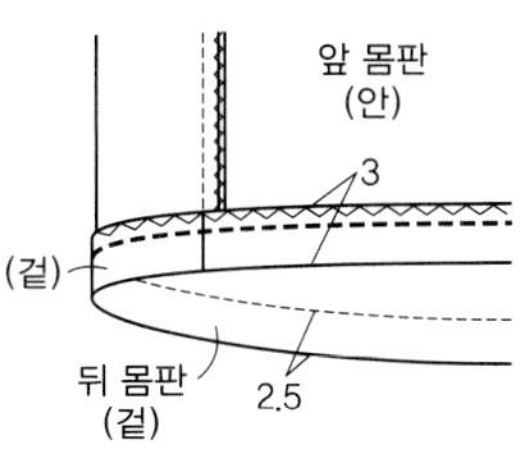

앞 몸판
(안)
3
(겉)
뒤 몸판
(겉)
2.5

심플 코트 Photo P30

재료 •왼쪽부터 S/ M/ L/ LL

- 압축 울(검은색)…135cm 폭×220/ 220/ 230/ 230cm
- 울 바인딩테이프(그레이)…3cm 폭×430/ 440/ 450/ 460cm
- 0.3cm 폭의 단추 고리용 가죽 끈(검은색)…12cm
- 지름 2.8cm의 레자(인조 가죽)풍 단추…1개
- 지름 2.5cm의 똑딱단추…4쌍

실물 대형 옷본

A면 [4]
1-앞 몸판 2-뒤 몸판 3-소매

완성 사이즈 •왼쪽부터 S/ M/ L/ LL

가슴둘레 =98.5/ 101.5/ 105.5/ 111.5cm
옷 길이 =94/ 96/ 98/ 100cm

재단 배치도 •단위는 cm •위부터 S/ M/ L/ LL

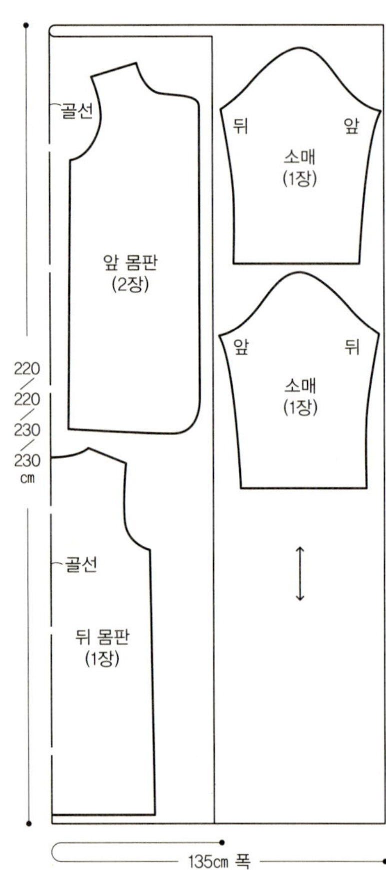

사전 준비 •단위는 cm

•울 바인딩테이프를 그림처럼 1번 접는다

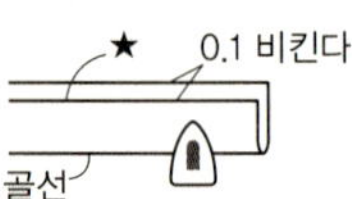

바느질 순서

1. 재단 배치도를 참조해서 천을 자르고 사전 준비를 한다

2. 소맷부리를 울 바인딩테이프로 파이핑 처리한다

3. 오른쪽 앞 몸판에 단추 고리를 단다

4. 어깨를 박는다

5. 소매를 붙인다

6. 소매 밑, 옆을 박는다

7. 울 바인딩테이프로 파이핑 처리한다

8. 단추와 똑딱단추를 단다

만드는 법 •단위는 cm •왼쪽부터 S/ M/ L/ LL

2. 소맷부리를 울 바인딩테이프로 파이핑 처리한다

소매
(겉)
울 바인딩테이프
0.2
33.5/34/34.5/35.5cm
폭이 넓은 쪽을 안쪽으로 한다
★

①울 바인딩테이프를 위의 치수대로 2줄 자른다. 소맷부리를 울 바인딩테이프로 감싸서 박는다

3. 오른쪽 앞 몸판에 단추 고리를 단다

골선
길이 12cm의 가죽 끈을 1번 접는다
1
고리 다는 위치
골선
오른쪽 앞 몸판
(안)

4. 어깨를 박는다

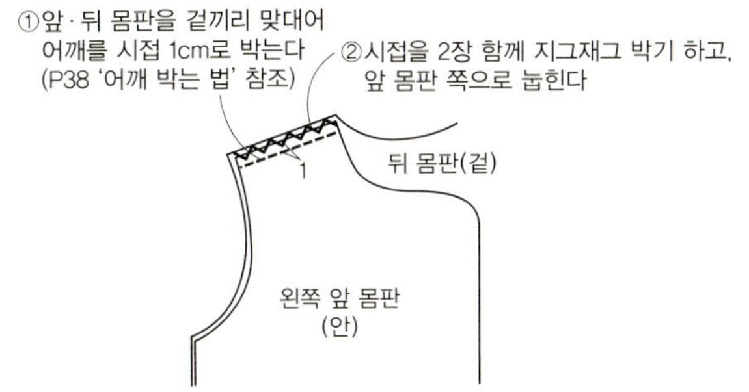

①앞 · 뒤 몸판을 겉끼리 맞대어
어깨를 시접 1cm로 박는다
(P38 '어깨 박는 법' 참조)
②시접을 2장 함께 지그재그 박기 하고,
앞 몸판 쪽으로 눕힌다
1
뒤 몸판(겉)
왼쪽 앞 몸판
(안)

5. 소매를 붙인다

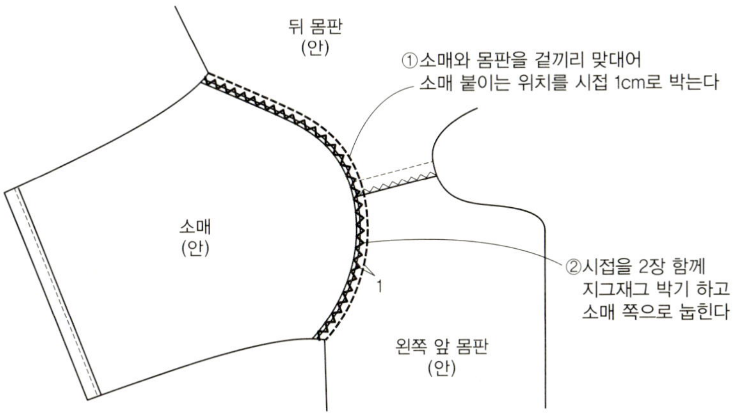

뒤 몸판
(안)
①소매와 몸판을 겉끼리 맞대어
소매 붙이는 위치를 시접 1cm로 박는다
소매
(안)
②시접을 2장 함께
지그재그 박기 하고
소매 쪽으로 눕힌다
1
왼쪽 앞 몸판
(안)

6. 소매 밑, 옆을 박는다

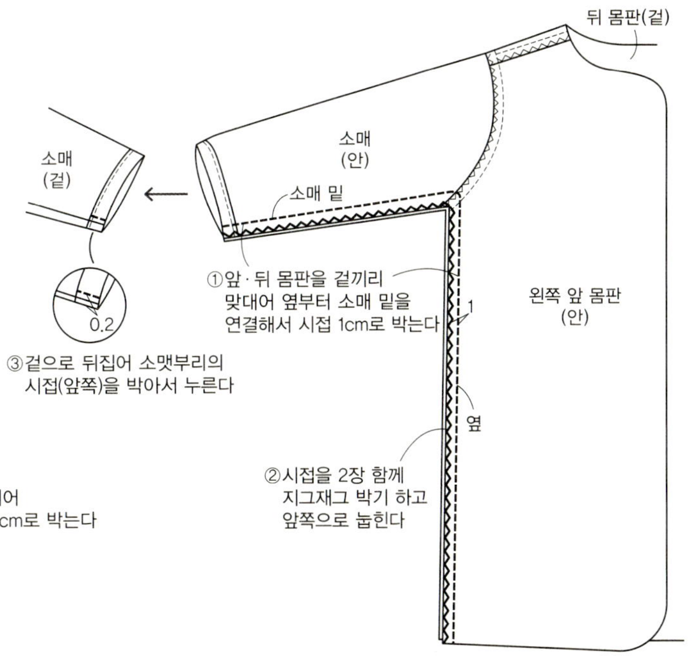

뒤 몸판(겉)
소매
(안)
소매
(겉)
소매 밑
0.2
①앞 · 뒤 몸판을 겉끼리
맞대어 옆부터 소매 밑을
연결해서 시접 1cm로 박는다
1
왼쪽 앞 몸판
(안)
③겉으로 뒤집어 소맷부리의
시접(앞쪽)을 박아서 누른다
옆
②시접을 2장 함께
지그재그 박기 하고
앞쪽으로 눕힌다

7. 울 바인딩테이프로 파이핑 처리한다

뒤 몸판
(안)
소매
(겉)
소매
(겉)
오른쪽
앞 몸판
(겉)
0.2
왼쪽 앞 몸판
(겉)
왼쪽 옆
〈울 바인딩테이프의 끝 처리〉
①왼쪽 옆의 밑단부터
앞 끝, 목둘레, 반대쪽의
밑단까지 빙 둘러
울 바인딩테이프로
감싸서 박는다
※울 바인딩테이프의 여분은
자른다
폭이
넓은 쪽을
안쪽으로
한다
왼쪽 옆
앞 몸판
(겉)
뒤 몸판
(겉)
1
울 바인딩테이프
왼쪽 옆
0.2
울 바인딩테이프
박는다
1
왼쪽 옆
끝은 1번 접어 겹친다
②끝 처리는 왼쪽 옆의
바로 옆을 박아서 누른다

8. 단추와 똑딱단추를 단다

뒤 몸판
(안)
고리
1
바깥쪽으로 눕혀
박아서 고정한다
2.8
단추
※단추 다는 위치는
각자 조절해도 된다
소매
(겉)
2.5
똑딱단추
단추와 똑딱단추를
각각 다는 위치에
박는다(P43 '똑딱단추
다는 법' 참조)
※왼쪽 앞 몸판 쪽은 똑딱단추 오목 부분을,
오른쪽 앞 몸판 쪽은 볼록 부분을 단다.
오른쪽 앞 몸판 쪽의 똑딱단추는 겉에서
보이지 않게 천의 안쪽만 떠서 단다
(볼록)
(오목)
오른쪽 앞 몸판
(안)
왼쪽 앞 몸판
(겉)

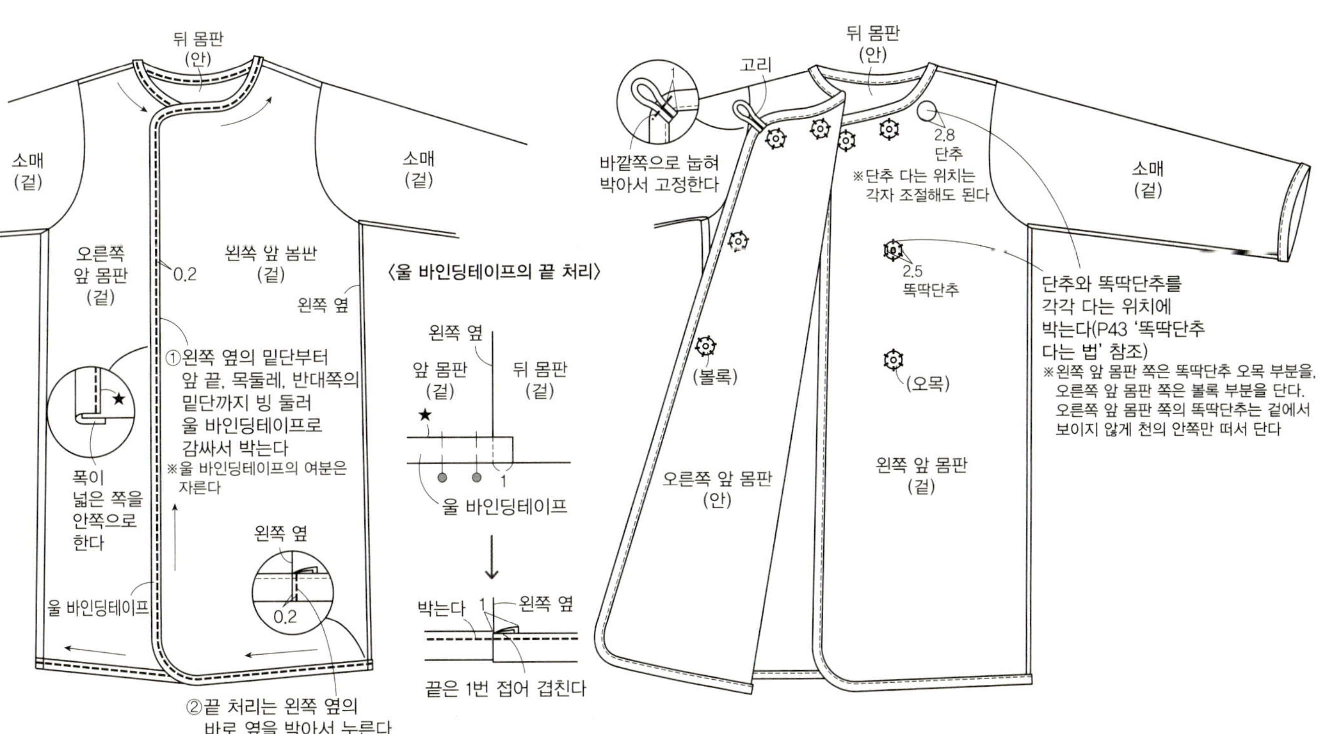

나카노 유카리

현재 양재교실 〈couturier sewing class〉를 운영하며 성인 여성을 대상으로 한 레슨을 진행하고 있다.
엄격한 양재학교에서 기초를 튼튼히 다진 뒤 유명 어패럴 회사에서 일하며 패션 지식과 감각을 확실히 다진 덕분에 언제나 실생활에서 환영 받는 스타일의 옷을 선보여 큰 호평을 얻고 있다.
디자인은 심플하지만 엄선된 소재를 사용함으로써 한 차원 높은 핸드메이드의 세계를 제시하는 한편, '손으로 만들었지만 전혀 티가 나지 않는 옷 만들기'를 모토로 재미있는 옷 만들기를 널리 알리고 있다.
http://www.couturiersewing.jp/

옮긴이 황선영

일어일문학을 전공하고 대한항공 국제선 파트에서 근무했다. 현재 실용서 전문 번역가로 활동하고 있다. 옮긴 책으로는《패턴학교 Vol.1 상의 편》,《히구치 유미코의 자수 12개월》,《1색 자수와 작은 소품》,《2색으로 즐기는 자수 생활》,《마끈과 리넨 실로 뜨는 백》,《산뜻하고 시원한 니트 손뜨개》,《앤틱 스타일의 코바늘 손뜨개》,《그린스무디를 시작하자!》 등이 있다.

감 수 문수연

서울대학교 인문대학 고고미술사학과를 졸업했다. 재봉틀로 옷 만들기부터 수공예까지 손으로 만드는 모든 것을 좋아해 작품을 만들기 시작했다. 현재 서촌에서 '여름한옥 게스트하우스'를 운영하며 작은 수공예 수업을 하고 있다. 그녀가 운영하는 인스타그램 '단추수프(http://www.instagram.com/thebuttonsoup)'에서 보기만 해도 감탄이 절로 나오는 다양한 작품을 만나볼 수 있다.

심플하고 세련된 여자 옷

초판 1쇄 발행 2016년 11월 10일
초판 3쇄 발행 2019년 5월 20일

지은이 나카노 유카리
옮긴이 황선영
감 수 문수연
펴낸이 명혜정
펴낸곳 도서출판 이아소
디자인 황경성

등록번호 제311-2004-00014호
등록일자 2004년 4월 22일
주소 04002 서울시 마포구 월드컵북로5나길 18 1012호
전화 (02)337-0446 **팩스** (02)337-0402

책값은 뒤표지에 있습니다.
ISBN 979-11-87113-04-1 13590

도서출판 이아소는 독자 여러분의 의견을 소중하게 생각합니다.
E-mail: iasobook@gmail.com

이 도서의 국립중앙도서관 출판예정도서목록(CIP)은 서지정보유통지원시스템 홈페이지
(http://seoji.nl.go.kr)와 국가자료공동목록시스템(http://www.nl.go.kr/kolisnet)에서
이용하실 수 있습니다. (CIP제어번호 : CIP2016024463)